깨어 있는 시민을 위한 재정학 ①

[지방재정, 이대로 좋은가]

거버넌스 실패와 도덕적 해이가 잉태한 재정위기

정성호 지음

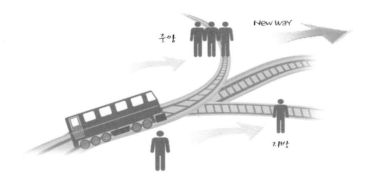

도서출판
해남

지방재정, 이대로 좋은가
거버넌스 실패와 도덕적 해이가 잉태한 재정위기

초판1쇄 인쇄 2020년 1월 2일
초판1쇄 발행 2020년 1월 7일

지은이 정성호
발행인 노현철
발행처 도서출판 해남

출판등록 1995. 5. 10 제1-1885호
주　　소 서울특별시 마포구 마포대로8길 9 영명빌딩 405호
전　　화 739-4822　**팩스** 720-4823
이 메 일 haenamin30@naver.com
홈페이지 www.hpub.co.kr

ISBN 978-89-6238-141-2　　03320

머리말

우리는 세계가 괄목할 만큼 고도의 압축 성장을 이루었다. 그러다 최근에는 여느 선진국과 마찬가지로 저성장에 직면하게 되었다. 다만 여느 선진국과 비교해 볼 때 아직까지는 건전한 재정을 운영하고 있다고 평가받고 있다. 하지만 정부의 부채 증가 속도가 가팔라서 우려스럽기도 하다. 정부는 불가피하게 경기가 좋지 않으면 '확장적 재정정책'을 펼치게 되는데, 이는 곧 재정건전성과 직결된다. 지방정부도 이와 크게 다르지 않다. 이제 지방재정의 관점에서 논의해 보자. 중앙정부는 스스로 세입을 결정할 수 있는 구조인 반면 지방정부는 스스로 세입을 결정할 수 없는 구조이다. 그러다 보니 중앙정부에 의존할수밖에 없는 '연성예산제약'하에 놓여 있다. 솔직히 말해 지방정부는 중앙정부로부터 더 많은 재원을 받으면 그뿐 재정운영의 책임성은 작동하지 않는 구조이다. 다만 정치권(공약)의 수사어적 구호에 편승하여 지방정부는 이제 지방자치도 성년이 되었으니 자율성을 더 인정해달라고 하고 있는 것이다. 이렇게된 것은 거버넌스 실패(중앙정부)와 도덕적 해이(지방정부)의 합작품이라 할 수있다. 1990년대 들어 지방자치가 부활되어 민선 7기(2018년 7월)가 출범하였지만 지방정부의 재정자립도는 오히려 낮아졌다. 논리를 비약하면 매번 정부가 바뀔 때마다 '재정분권'을 외쳤지만 실상은 '재정집권'에 더 가까워졌다. 이는 중앙정부가 과거 중앙편중식 재정구조의 관행에서 벗어나지 못해 생긴 결과이다. 또한 지방정부는 과거의 관행에서 크게 벗어나지 못한 채 재정을 물 쓰듯 펑펑 쓴다. 이른바 책임성 없는 도덕적 해이가 만연하다. 현 정부 들어 연방에 버금가는 재정분권을 국정과제로 추진하고 있지만 그 방향성이 맞지 않는 듯하다. 단지 정치적 수사어로 재정분권을 외쳐서는 안 된다.

지방자치권이 보장된다고 해서 재정분권이 완성되는 것이 아닌 것처럼, 지방정부로 재원을 더 내려준다고(지방소비세 15%로 증액 등) 해서 재정분권이 완성되는 것이 아니다. 그럼에도 불구하고 행정안전부조차 재정분권 1단계가 완성되었다고 주장한다(과연 1단계 완성이라 할 수 있을가?). 재정분권을 위해 중앙정부는 물론 지방정부의 인식의 대전환이 요구된다. 기존의 재정구조를 유지한 채 중앙정부가 재정을 좀 늘려 주는 것이 재정분권이 아닌 것처럼, 균형발전도 재정분권이 아님에도 분권으로 호도해서는 안 된다. 건전재정의 핵심 가치는 책임성과 투명성을 담보할 수 있어야 한다. 흔히 국민들은 재정은 내가 관여할 바가 아닌 관심 밖의 영역으로 치부하고 관료와 정치인에게만 재정을 맡기기 일쑤이다. 하지만 관료와 정치인에게만 재정을 맡겨 두어서는 안 된다. 왜냐하면 정치인들은 선거에 이길 수만 있다면 후일은 생각하지 않고 막대한 재정을 기꺼이 지출할 수 있기 때문이다. 도덕적 해이가 만연한 상태에서 지방정부들은 인구소멸과 학령인구 감소를 대비해야 한다고 입버릇처럼 이야기하지만 이는 공염불에 그치고 있다고 할 수 있다. 현재의 지방정부 구조(예, 광역-기초)를 유지하는 한 밑 빠진 독에 재정을 지출하는 형국이다. 결국 재정위기를 향해 달려가는 폭주 기관차와 다를 바가 없다. 일례로 인천시는 재정위기 단체로 지정될 위기에 놓이자 알짜배기 땅(터미널)을 팔아 빚을 갚아야 했다. 또한 은하모노레일(현 월미바다열차)을 건설한 뒤 좌충우돌하다가 뒤늦게 운행하였지만 이내 멈춰서고 말았다. 왜 이러한 일들이 반복되는지 의문을 가져야 할 것이다. 일본 유바리시의 경우 실제 재정위기 단체로 전락한 다음, 시민에게 무상으로 제공되던 공공시설물에 비용을 부담시켰고, 공무원의 봉급도 절반으로 줄일 수밖에 없었다. 우리나라의 경우에도 예외는 아닌 것으로 판단된다. 파산 시 결국 시민의 몫이 된다는 것을 잊어서는 안 된다. 민주주의의 최후의 보류인 '깨어 있는 시민의 조직된 힘'이 필요하다. 지방정부도 건전재정, 책임재정, 투명재정을 위해 노력해야 하고, 시민은 이를 심판할 수 있어야 한다.

책은 총 3부로 구성하였다. 제1부는 재정위기 쟁점들에 관해 기술하였다. 거버넌스 실패와 도덕적 해이가 재정위기의 원인임을 밝히고 있다. 제2부는 재정위기가 발생하게 되는 데에는 무엇이 문제인가에 집중했다. 근본적으로 연성예산제약, 무분별한 국고보조금사업 추진, 방만한 지방보조금사업 추진, 경제적 가치를 고려하지 않은 민간투자사업 추진 등에 대해 기술했다. 제3부는 어떻게 할 것인가에 관해 논의한다. 연성예산제약에서 탈피한 재정분권, 건전재정 유지를 위해 포괄적 부채관리, 토건족과 비슷하게 무분별하게 구축되는 시스템의 규제가 필요하다는 점을 강조한다. 이 책은 '큰 틀에서 지방재정위기 관점에서 재정구조 개혁을 다시 하자'는 것이다. 재정구조의 개혁 없이는 재정위기로 향하는 폭주 기관차에서 탈피하지 못한다. 이상의 내용이 단초가 되어 앞으로도 재정위기에 관한 다양한 의견이 모아지길 기대한다.

이 책이 세상에 나오도록 도와 주신 분들께 감사드린다. 특별히 출판을 위해 꼼꼼히 교정·교열을 보아 주신 도서출판 해남 노현철 사장님께 머리 숙여 감사의 인사를 드린다.

2020. 1. 1.

남산 기슭에서

저자

일러두기

본문은 저자의 논문과 책의 내용(일부 단락 등)을 활용하였는데, 이에 대해서는 개괄적 인용 표시만 하였음을 밝혀 둔다.

차례

제1부 지방재정, 위기인가?

제 **1**장

거버넌스 실패? 도덕적 해이?

제**1**장

거버넌스 실패? 도덕적 해이?

> ▪ 누구의 잘못이 더 클까?
>
> ## 중앙정부 ≥ 지방정부
> 거버넌스 실패   도덕적 해이

1. 지방재정의 현실

지방재정위기는 발등에 떨어진 불이다

재정건전성 강화는 정부가 바뀔 때마다 빠지지 않고 등장하는 국정과제 중 하나이다. 그만큼 중요하다는 의미이다. 한때, 지방재정위기 가능성에 대한 논의가 확산된 적이 있다. 그렇다면 지금은 나아졌을까? 사실 여전히 진행 중이다. 2015년 7월 17일 당시 행정자치부는 '지방재정위기관리위원회'를 개최하여 부산·대구·인천 광역시와 태백시의 예산 대비 채무비율이 지방재정위기 '주의' 기준(25%)에 해당된다고 해당 지방정부에 통보한 바 있다. 다행히도 이후 재정여건이 다소 호전되었지만, 지방재정위기 가능성이 여전히 남아있어, 미국 및 일본을 비롯한 외국 지방정부의 재정위기 사례를 남의 일처럼 여겨서는 안 된다.

인건비도 자체 해결하지 못하는 지방재정의 현실

행정안전부가 매년 발표하는 '지방자치단체 통합재정개요'에 따르면 거의 절반 이상의 지방정부가 지방세로 공무원 인건비조차 해결하지 못한다. 2017년 결산 기준 지방정부 평균 재정자립도는 55.23%로 재정자립도만으로 지방정부를 평가해 보면 정말 열악한 듯하다. 2017년 결산 기준 243개 지방정부의 재정자립도는 다음과 같다. 20% 이하인 지방정부가 46개, 30% 이하인 지방정부가 130개, 50% 이상인 지방정부가 31개이다. 결론적으로 재정자립도가 30% 이하인 지방정부는 176개인데, 이러한 지방정부의 자체재원으로는 인건비를 해결하지 못한다. 다른 나라와 비교해 볼 때, 우리나라는 거시재정 관점에서 비교적 건실하다는 평가를 받아 왔다. 하지만 근년에 들어 국가채무는 물론 지방채무의 증가 속도가 지나치게 빨라져서, 이제는 국가와 지방정부의 채무를 관리하지 않으면 안 된다는 평가가 내려졌다. 일례로 국가재정전략회의에서 국가채무 수준의 적절성(예: GDP 대비 40%)에 관한 논의가 있었으며, 이에 관해 갑론을박이 전개되었다.

대한민국 재정분권의 고질병: 책임성 강화 없는 자율성 확대

1995년 지방자치 시행 이후 재정분권의 현실은 그리 변화되지 않았다. 외형적으로는 재정분권 기반 구축의 하나로 2005년부터 지방채 발행의 승인제 폐지, 예산편성지침 폐지 등을 적용하여 지방재정의 자율성은 어느 정도 향상되었다고 할 수 있다. 그러나 재정환경의 변화만큼 지방정부의 책임성은 그리

만족스럽게 변화되지 않았다. 중앙정부로부터 국고보조금과 지방교부세가 더 늘었을 뿐 달라진 것이 없다. 즉, 재정분권의 방향성이 틀렸다고 할 수 있다. 지방정부로 재정만 확충해 주면 재정분권이 되는 것으로 착각하고 있는 현실이 안타깝다.

현재 지방정부는 중앙정부의 하부 기관에 불과

이러한 인식은 근본적으로 중앙편중적 재정구조에서 비롯된 것이다. 중앙정부의 정책 결정을 따르는 지방정부는 단순히 정책을 집행하는 하부 구조 정도로 인식하고 있다. 특히, 중앙정부의 내국세 감세 조치는 지방교부세와 지방교육재정교부금 등 국가재정 수입과 연계되어 세수가 대폭 감소하였다. 이러한 감소 조치는 지방재정을 더욱 어렵게 만들었다. 결국, 중앙정부는 보전 차원에서 재정보전을 추진하지만, 이는 임시방편적 성격이 강하다. 이것은 일종의 거버넌스 실패라고 할 수 있다.

2. 지방재정이 당면한 위기

글로벌 경제위기와 경제위기 극복을 위한 중앙정부의 재정정책, 복지정책

1998년 IMF체제, 2008년 글로벌 경제위기, 2011년 유럽 경제위기, 미국 및 중국의 경제 둔화와 긴축재정 등이 우려되는 상황에서 재정위기 가능성은 더욱 커질 수 있다. 무엇보다도 예전에는 10~20년 주기로 찾아오던 세계적인 경제위기가 1998년 외환위기 이후에는 수시로 반복되고 있다. 2008년 미국발 금융위기 및 2009년 남유럽 국가발 재정위기는 세계경제 불황을 초래하였고, 많은 국가는 아직도 이러한 재정위기에서 벗어나지 못하고 있다. 최근 세법 개정으로 일부 세수가 증가하였지만, 세계경제 불황은 우리나라에서도 부동산 경기를 위축시켰고, 이는 부동산거래세 위주로 구성된 지방세의 수입 감소를 초래하였다. 또한 소득세, 법인세, 부가가치세 등 내국세의 감소를 초래하여 내국세의 일정 비율에 의존하는 지방교부세가 감소하게 되었다(〈표 1-3〉 참고).

더불어 IMF 외환위기와 연이은 신자유주의의 강화로 인해 사회 양극화는 더욱 심화되었고, 이를 해결하기 위해 중앙정부와 지방정부가 복지정책을 강화한 것도 하나의 요인이다.

연성예산제약에 따른 부실한 지방재정 관리

지방정부들은 세출 규모에 비해 자체세입 규모는 작기 때문에 상위(또는 중앙) 정부로부터 이전되는 재원에 의존하여 운영하고 있다. 따라서 실제로는 자체세입 규모가 지방재정 운영을 제약하지는 않는다. 어찌 보면 재정자립도가 낮을수록 중앙정부로부터 더 많은 재정이 지원되기 때문에 자치단체도 재정운영에 그리 큰 문제를 느끼지도 않는다. 이를 연성예산제약(soft budget constraint)이라 부르는데, 지방정부가 주어진 예산을 다 소진하더라도 외부(중앙정부 등)로부터 추가적 예산을 받을 수 있어서 예산제약의 경성성을 상실하게 되는 것이다.

중앙정부는 국고보조금과 지방교부세 등 재정이전을 통해 지역 간 재정격차를 줄이고 있는데, 이러한 연성예산제약은 지방정부들로 하여금 자체재원을 확보하기보다는 상대적으로 쉽게 획득할 수 있는 이전재원 확보에 사활

표 1-1 지방자치 실시 이후 주요 지방재정 이전제도의 변화

		1991년 이전	2005년	2010년	2015년 이후	특성/재정기능
지방교부세	보통교부세	──────────────────────→				일반 형평
	특별교부세	──────────────────────→				특정 효율/형평
	분권교부세		(2005~2014) ──→			특정 효율
	부동산교부세		(2006~2013) ──→			특정 효율/형평
	소방안전교부세				(2015~) ──→	특정 효율
국고보조금	국고보조금	──────────────────────→				특정 효율
	지방양여금	(1991~2004) ──→				특정 효율
	국가균형발전특별회계		(2005~2009) ──→			특정 효율
	광역·지역발전특별회계			(2010~2014) ──→		특정 효율
	지역발전특별회계				(2015~) ──→	특정 효율

자료: 정성호(2018), 《대한민국 재정정책 70년사》.

을 걸게 만든다. 또한 지방정부의 자체세입은 작지만, 이전된 재원을 활용한 지방정부의 과시성, 선심성, 낭비성, 호화 사업과 부실한 재정관리(부실한 투·융자 심사)와 분식회계 결산 등은 지방재정을 더욱 어렵게 하고 있다. 이것이 바로 도덕적 해이의 단초이다.

책임 없는 자율은 도덕적 해이만 낳을 뿐

지방자치단체장들은 "재정위기 관점에서 재정을 운영하지 않고 있다"고 해도 과언이 아니다. 그 원인은 중앙정부의 재정보전과 관련이 크다. 즉, 아무리 지방정부의 재정이 어렵더라도 파산은 없고, 중앙정부가 끝까지 도와주리라는 암묵적 인식이 자리하고 있다. 지방자치단체장은 뚜렷하게 재정위기 인식에서 자유로운데, 어찌 보면 재정위기는 도덕적 해이의 동의어라 해도 무방하다. 지방자치단체장들은 외형적으로는 재정분권을 주장하고 있지만, 내면을 들여다보면 재정분권이 아닌 재정 확충을 주장하고 있다. 즉, 재정분권이 아닌 재정집권을 옹호하고 있다.[1] 다만, 지방정부의 자율성만 더 보장해달라고 외치고 있을 뿐이다.

3. 재정건전성 위협 요인

재정건전성 악화 요인

첫째, 지방재정 규모의 확대와 외형적 성장과는 달리 지방재정 운영의 책임성 부족과 중앙정부에 대한 의존성이 오히려 확대되었다. 민선 자치단체장의 직선 이후 선심성·전시성·낭비성 사업(치적쌓기용 시설 건립, 무분별한 행사 및 축제비용, 지방의원들의 낭비성 외유) 등이 공공연하게 발생하고 있다. 이는 연성예산제약에서 비롯된 것으로, 재정자립도(자체재원)가 낮아진 반면 국고보조금과 지방교부세 등 의존재원비율이 지속해서 증가하였기 때문이다. 결국 지방자치의 근간을 훼손할 뿐만 아니라 지방재정의 자율성을 침해할 수 있다.

참여정부 이후 지방이전재원 규모가 더욱 확대되어 총조세 중 지방정부 가용재원이 지속적으로 증가되었는데, 그 원인은 다음과 같다. 첫째, 지방교부세율의 대폭 인상이다(지방교부세 법정교부율: 13.27%(1999) → 15%(2000) →

---

1 실제로 개별 주체가 재정분권을 지지할까 의문이 든다. 먼저 기획재정부, 행정안전부, 지역구 국회의원, 지방자치단체장 등은 공공선택론 관점에서 볼 때 집권을 선호할 것이라는 예측이 가능하다. 따라서 재정분권은 헛된 주장에 불과한지도 모른다. 내심은 재정지원(재정 확충)을 더 해달라는 의미 정도에 불과하다.

표 1-2 지방자치 이후 지방이전재원 추이

(단위: 조 원)

	1991	1995	2000	2005	2010	2015	2016	2017	2018
지방이전재원	11.8	22.5	35.8	59.5	89.6	120.9	128.4	144.9	149.6
- 교부금	7.8	13.7	18.1	43.8	59.7	74.8	81.7	97.1	99.4
- 양여금	2.0	4.9	8.9	–	–	–	–	–	–
- 국고보조금	2.0	3.9	8.8	11.3	23.6	46.1	46.7	47.8	50.2
- 광특회계	–	–	–	4.4	6.3	–	–	–	–
지방가용재원	19.8	37.8	56.4	95.5	138.8	191.9	203.9	225.3	232.3
총조세 대비(%)	51.7	52.4	49.7	58.8	61.2	66.4	64.1	65.2	66.2

주: 지특회계 중 보조금만 계상.
자료: 기획재정부, 〈e-나라지표〉(연도별 예산서).

19.13%(2005) → 19.24%(2006); 지방교육재정교부금 법정교부율: 11.8%(2000) → 13%(2001) → 19.4%(2005) → 20.0%(2008) → 20.27%(2010)). 둘째, 지방양여금을 폐지하고 성격에 따라 재편(2005. 1. 1. 시행)하였다(일반양여금(4.4조 원) → 지방이양(2.7조 원, 교부세율 인상), 균특회계 이관(0.4조 원), 국고보조사업 전환(1.3조 원)). 셋째, 지방정부의 자율성 강화를 위해 국고보조금을 대폭 정비(2004. 7. 6.)하였다(533개 사업 12.7조 원 → 지방 이양(1.1조 원), 균특 이관(3.6조 원), 존치(7.9조 원)). 넷째, 균형발전사업의 체계적 지원 및 지방정부 자율성을 제고하기 위해 국가균형발전특별회계(현재 광역지역 발전특별회계)를 신설하였다(2005년 5.3조 원 → 2006년 6.0조 원 → 2007년 6.8조 원→ 2008년 7.6조 원).

〈표 1-2〉와 〈표 1-3〉에 설명하고 있듯이, 2018년 기준, 국고보조금은 50.2조 원으로 지방자치 실시 이전과 비교해 볼 때 약 25배 증가하였다. 한편, 2017년 기준, 지방교부세는 40.7조 원으로 지방자치 실시 이전과 비교해 볼 때 약 12배 증가하였다. 이처럼 의존재원이 지속해서 증가하게 되면 지방정부가 자구 노

표 1-3 지방자치 이후 지방교부세 추이

(단위: 억 원)

연도별	정률분(2018년 기준, 내국세의 19.24%)				증액 교부금[1]	부동산 교부세	소방안전 교부세
	계	보통교부세	특별교부세	분권교부세			
1991	34,524	30,532	3,054	–	937	–	–
1992	39,277	35,337	3,533	–	406	–	–
1993	44,130	40,118	4,011	–	–	–	–
1994	47,245	42,950	4,295	–	–	–	–
1995	54,842	49,856	4,985	–	–	–	–
1996	63,777	57,979	5,797	–	–	–	–
1997	67,987	61,426	6,142	–	418	–	–
1998	70,392	63,538	6,353	–	500	–	–
1999	67,107	57,825	5,782	–	3,500	–	–
2000	82,665	74,686	7,468	–	510	–	–
2001	122,889	111,195	11,119	–	575	–	–
2002	122,594	108,849	10,884	–	2,860	–	–
2003	149,106	122,385	12,238	–	14,483	–	–
2004	144,690	130,128	13,012	–	1,549	–	–
2005	198,774	179,275	7,115	8,453	–	3,930	–
2006	214,613	186,914	7,433	10,065	–	10,200	–
2007	251,969	213,162	8,527	11,387	–	18,892	–
2008	319,158	257,978	10,394	13,784	–	37,012	–
2009	286,122	230,320	9,242	12,305	–	34,254	–
2010	280,483	246,791	9,928	13,186	–	10,576	–
2011	309,197	272,746	11,010	14,575	–	10,865	–
2012	341,861	301,914	12,580	16,154	–	11,214	–
2013	357,245	315,581	13,149	16,885	–	11,630	–
2014	356,981	318,845	9,861	16,884	–	11,391	–
2015	348,880	321,762	9,874	–	–	14,104	3,141
2016	361,323	332,437	10,281	–	–	14,457	4,147
2017	407,314	375,776	11,622	–	–	15,328	4,588

주: 1) 2014년까지는 최종예산+전년도 정산분, 2015년부터는 당초예산 규모임.
　　2) 증액교부금은 지방재정상 부득이한 수요가 있는 경우 국가가 법정교부세 외에 별도로 증액·교부하는
　　　교부금으로 1983년도에 신설되어 2005년도에 폐지되었음.
　　3) 2005년 이후 보통교부세에 도로보전분 8,500억 원이 별도로 포함되었으나, 2012년부터 보통교부세로
　　　통합되어 운영됨.
자료: 정성호(2018), 《대한민국 재정정책 70년사》.

력에 의한 세입 증대와 세출 절감 등을 모색하려는 유인 자체가 사라지게 된다. 그로 인해 중앙정부에 대한 의존성은 더욱 강화되고, 지방정부가 도덕적 해이를 일으킬 가능성이 더욱 커진다.

둘째, 연성예산제약과 지방세제의 불완전한 가격기능에서 그 이유를 찾을 수 있다. 기본적으로 재정지출을 확대하려는 노력에 치중하려면 동시에 재정 확충 노력이 수반되어야 한다. 그러나 그 유인이 없다는 것이 가장 큰 문제로 작용하고 있다. 또한 지방세제의 가격기능이 전혀 작동하지 않아 세수 확충에 상응한 이전재원이 감소하게 된다. 이 때문에 자체재원 확충에 소극적일 수밖에 없게 되는 것이다.

셋째, 지방채 발행시장의 비시장적 재원배분에서 비롯된다. 2006년부터 지방채 발행의 승인 여부를 결정하던 기채승인제도에서 총액 한도를 설정하고, 한도액 내에서 지방의회의 결정만으로 지방채 발행 여부를 스스로 결정하였다. 그 결과 지방채 발행으로 말미암은 채무가 급증하게 되었다.

넷째, 지방정부 간 재정불균형의 심화를 들 수 있다. 수도권 인구와 산업의 과밀집중은 수도권과 비수도권 간 재정불균형을 더욱 심화시키고 있다. 아울러 광역과 기초자치단체의 재원불균형도 문제로 드러나고 있다. 2019년, 정부는 재정분권(실제로는 재정 확충)을 추진한다는 명목으로 지방소비세를 11%에서 15%로 인상하였지만, 이는 광역지방정부에 유리한 재정배분이 되고 말았다. 왜냐하면 지방소비세는 광역시·도세이기 때문이며, 기초지방정부를 위한 합리적 재정배분을 고려해야 한다. 이른바 행정안전부에서 주장하는 2단계 재정분권은 기초지방정부를 위한 합리적 배분을 위한 대안 마련이 필요하다.

지방재정위기를 초래한 내적·외적 원인

우리나라의 지방재정난을 초래한 요인은 크게 중앙-지방 재정관계(inter-governmental relations) 및 중앙정부 정책이 초래한 외적 위기(거버넌스 실패)와 지방정부의 도덕적 해이가 초래한 내적 위기로 구분할 수 있다. 물론 두 요인이 복합적으로 작용한 때도 적지 않다. 중앙편중적 재정의 구조적 한계를 여실히 드러내고 있지만 더 큰 문제는 지방정부의 도덕적 해이라 할 수 있다. 도덕적 해이를 막아야 지방재정이 다시 살아난다. 왜냐하면 지방자치 이전과 전혀 다르지 않은 재정구조(중앙편중적 재정구조)를 유지하고 있는 가운데, 지방자치의 근간을 훼손하지 않아야 한다는 미명 아래(중앙정부의 간섭 배제 주장) 선심성, 치적 쌓기용 사업을 계속 추진하면서 지방재정은 나락으로 떨어지고 말았기 때문이다.

4. 중앙-지방 재정관계 및 중앙정부 정책이 초래한 위기(거버넌스 실패)

중앙-지방 재정관계가 초래한 지방재정위기는 비합리적인 국세와 지방세의 조정, 중앙정부의 정책이 지방재정에 미친 영향(중앙정부의 정책이 결국 지방정부의 재정부담으로 이어지는 경우), 낮은 국고보조율 등이다.

국세-지방세 조정 불합리(구조적 한계)로 인한 지방재정위기

우리나라의 지방재정위기는 근본적으로 지방정부의 내부 요인에 의해서 유발된 것이라기보다는 국민경제 전반의 위기와 지방재정제도의 구조적 결함에 연유하는 바가 크다. 현재 지방재정위기의 일차적 원인은 국민경제 전반의 경기순환, 즉 불황 국면에서 경기에 민감하게 반응하는 지방세 체계의 특징에서 찾을 수 있다. 우리나라의 지방세 체계는 재산세 위주로 과세 기반이 구성되어 있어서 세수의 소득탄력성이 낮다. 따라서 지방재정의 수요 증대에 효과

그림 1-1 조세구조

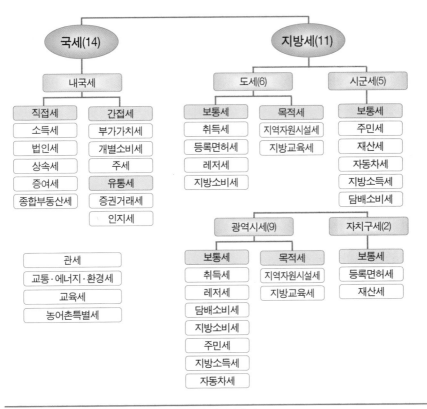

자료: 행정안전부(2019),《2018년도 지방자치단체 통합재정개요》, p. 52.

적으로 대응하기 어려운 구조이다. 한편, 소득과세를 지방세원으로 하는 국가들(스칸디나비아 국가들)은 지방재정위기에 덜 취약하다고 알려져 있다. 〈그림 1-1〉은 국세 및 지방세의 구조에 관한 설명이다.

지방재정 악화의 궁극적인 원인은 지방재정제도의 구조적 결함에 있다. 구조적 결함으로는 크게 중앙-지방 세원(재원)배분의 불균형과 과세자주권과 재정자주권의 제약을 들 수 있다. 2016년 기준 우리나라의 국세와 지방세 비중은 76.3 : 23.7이다. 연방제인 미국과 독일은 국세 비중이 50%를 상회하는 수준이다. 비연방제인 영국, 프랑스, 일본은 국세와 지방세 비중이 각양각색인데, 영국의 경우 국세 비중이 93.9%로 한국보다 높고, 프랑스(71.9%)와 일본(61.1%)은 우리보다 낮다. 우리나라의 국세 비율은 비연방제 국가의 평균에 근접한다. 문재인 정부는 국세와 지방세 비중을 장기적으로 6 : 4로 구현하겠다고 밝혔다. 이 같은 방향성은 타당하나, 재정분권의 방향이 주로 재정 확충에 초점을 맞추고 있다는 점에서 아쉬움이 많다. 재정 확충은 재정분권의 방향이 아니다(정성호, 2018).

재정분권의 미래: 재정분권은 지방재정 확충으로 달성되지 않는다

정부는 외형적으로 재정분권을 외치면서 사실상은 오히려 중앙집권화 방향으로 재정을 운영하고 있다. 현 정부가 주장하는 것처럼 국세와 지방세의 비중이 6 : 4가 된다고 해서 재정분권이 완성되는 것이 아니다. 이는 완전한 착각이다. 국세와 지방세 비중을 7 : 3 또는 6 : 4를 외칠 것이 아니라 본질적인 재정분권을 추진해야 한다. 국세와 지방세의 조정도 필요하겠지만, 국고보조금의 과감한 축소 등 대폭적인 개편이 필요하다. 더 나아가 재정분권을 논의할 때

표 1-4 주요국의 국세 및 지방세 구조

(단위: %)

	연방제			비연방제			
	미국	독일	평균	영국	프랑스	일본	평균
국세	55.5	50.9	65.1	93.9	71.9	61.1	76.9
지방세	44.5	49.1	34.9	6.1	28.1	38.9	23.1

자료: 정성호(2018), p. 182(원자료: OECD(2016), Revenue Statistics).

세입분권과 세출분권을 포괄적으로 검토해야 한다.

　이미 설명한 바와 같이 돈만 더 달라고 하는 재정분권(재정 확충)은 분권과 거리가 아주 멀다. 재정(돈)만 더 달라는 재정 확충 의미의 재정분권은 틀려도 많이 틀렸다. 재정분권과 재정 확충이 동의어가 아님에도 불구하고 암묵적으로는 재정 확충을 재정분권으로 인식하고 있다. 중앙정부 차원(기획재정부, 행정안전부 등)에서도 재정분권을 반기지는 않는다. 그렇다고 지역구 국회의원, 지방자치단체장이라고 해서 재정분권을 반길 리 없다. 왜냐하면 선거철이 되면 지역구 국회의원이나 지방자치단체장은 본인이 헌신하여 중앙정부로부터 예산을 얼마 확보했다고 생색을 내야 하는데, 이를 할 수 없게 되기 때문이다.

　우리나라의 국세와 지방세 비율은 76.3 : 23.7로 미국(55.5 : 44.5)과 독일(50.9 : 49.1), 프랑스(71.9 : 28.1)와 일본(61.1 : 38.9)에 비해 국세의 비중이 높고, 영국(93.9 : 6.1)에 비해 국세의 비중이 낮다. 우리는 흔히 세수의 비중만으로 집권과 분권을 논의하는데, 이는 잘못된 접근이다. 영국의 경우, 세수구조로 보면 집권국가로 보이지만 실상은 분권국가를 지향하고 있다.

　이러한 세입격차에도 우리 지방정부는 대부분 중앙정부로부터 지방교부세와 국고보조금 등의 형태로 재원을 이전받고 있기 때문에 최종 재정사용액은 중앙정부(39.5%), 자치단체(45.4%), 지방교육(15.1%)의 형태를 유지하고 있다.

재정분권의 미래: 과세자주권과 재정자주권 확립으로

지방정부의 재정대응 능력과 탄력성을 제약하는 요인 중 하나는 지방정부에 과세자주권과 재정자주권을 충분히 부여하고 있지 않다는 점이다. 지방재정 규모의 확대에도 지방정부의 재정자주권(자율성)은 상대적으로 위축되고 있다. 지방재정조정제도를 통한 조세수입의 지방배분은 지방재원의 안정적 확보와 지방재정의 형평성 확보에 기여하지만, 이전재원의 규모가 클수록 지방재정의 중앙재정에 대한 의존성이 높아지게 됨은 물론이고 지방정부가 자기 책임성에 근거한 재정운용 의식이 희박해진다. 지방교부세와 국고보조금 등 의존재원이 지속해서 증가하는 것은 지방자치의 근간을 훼손할 뿐만 아니라 지방재정의 자율성을 침해하고, 지방정부가 자구 노력에 의한 세입 증대와 세출 절감 등을 모색하려는 유인이 사라지게 되며, 중앙정부에 대한 의존성이 강화되어 결국은 도덕적 해이로 이어지게 된다.

중앙정부의 일방적인 감세 조치와 국고보조금 증가 요인

중앙정부의 일방적 감세 조치로 인한 지방세수 감소

2008년 금융위기와 연이은 경제위기를 극복하기 위해 중앙정부는 소득세와 법인세 등에 대한 일방적인 감세 조치를 취했는데(내국세 감소), 이는 현행 내국세의 19.24%를 재원으로 하는 지방교부세 및 부동산교부세의 세수를 크게 감소시켰다. 아울러 박근혜 정부 들어 양도세, 취득세 면제 등의 정책 추진은 지방재정을 더욱 어렵게 만들었다. 결국, 중앙정부의 재정정책이 지방재정을 취약하게 만든 것이다. 지방정부와 협의 없는 재정정책의 피해는 고스란히 지방정부의 몫인데, 이는 중앙집권적 사고에서 비롯된다.

중앙정부의 부담 떠넘기기

또한 국고보조금이 증가하면 대응지방비(matching fund) 부담액도 증가하게 된다. 국고보조금 중 대부분을 차지하는 것은 사회복지 분야 예산인데, 특히 사회안전망 구축, 저출산, 고령화 대책을 마련하기 위한 국가의 사회복지예산 지출은 지방비 지출과 직결된다. 문제는 중앙정부의 사회복지예산 증가 속도에 따른 지방정부의 재정부담이 중앙정부보다 과중하다는 데에 있다. 일례로 2005~2009년 사이 중앙정부의 사회복지예산 증가율이 중앙정부는 12.2%에 해당했지만, 지방정부는 17.1%를 기록하였다. 지방정부의 대응지방비 지출이 증가하는 궁극적인 원인은 중앙정부가 일방적으로 정한 낮은 국고보조율에 있다. 국고보조사업에 대한 법정 기준보조율이 지나치게 낮게 책정되어 있어 지방재정에 막대한 부담으로 이어지는 것이다. 일례로 2011년 복지부·여성가족부 국고보조사업(180개) 중, 평균보조율이 70% 미만인 사업은 128개이고, 동 사업의 평균보조율은 52% 수준으로 낮게 나타나고 있다. 궁극적으로 중앙정부의 역할을 지방정부에 재원도 충분히 주지 않고 떠맡기는 형국이라 할 수 있다.

5. 개별 지방정부의 도덕적 해이가 초래한 내적 위기 요인

개별 지방정부의 도덕적 해이가 초래한 내적 재정위기 또는 재정건전정 악화는 크게 방만·부실 재정운용과 부실한 재정관리라 할 수 있다.

방만하고 부실한 재정운용: 자율성이 아닌 자의성만 증가

1995년 민선 자치단체장 선거 이후 지방분권이 가속화되면서 단순히 지방 재정 운영에 대해 자의성만 높아지게 되었다. 지방자치단체장들의 재선을 위한 선심성 재정운영 및 업적을 남기기 위해 추진하는(치적쌓기) 각종 지방사업의 부실로 인한 방만한 재정운용이 막대한 부채를 발생시켰다. 대표적인 예로 인천광역시의 은하모노레일(현재 월미바다열차)과 도시축전, 용인시의 경전철 사업, 태백시의 오투리조트사업 등으로 인해 지자체가 빚더미에 나앉게 되었다. 형식적인 투·융자 심사 등을 통한 방만하고도 부실한 재정운영은 재정건전성을 악화시킨 주범이라 하겠다.

재정의 부실관리: 만연한 부정 회계 관행

재정의 부실관리에 관한 내용은 2011년 감사원이 발표한 보고서《지방재정 건전성 진단점검결과》에 잘 나타나 있다. 이 보고서에 의하면 많은 지방정부는 세입예산 과소계상, 세출예산 과대계상, 포괄사업비 등 변칙적 예산운용, 세수결손 보존을 위한 내부거래(특별회계의 일반회계로의 전출, 회계 간 상호 전용), 적자은폐를 위한 분식회계(결산) 등을 이용하여 지방재정의 투명성을 해치고 부실관리를 야기했다. 분식회계도 문제이지만 과도한 순세계잉여금(추가경

정예산 재원으로 활용)을 남기는 것은 더욱 문제이다(일종의 분식회계).

6. 재정제도의 문제: 지방재정과 교육재정의 분리

제도적 한계에서 비롯된 재정낭비를 간과해서는 안 된다. 예를 들면, 투·융자 심사의 강화, 재정사업 이력제와 정책실명제의 도입, 재정위기 사전경보 시스템(early warning system)의 한계, 지방채 발행한도의 예외조항 등은 다분히 치유되어야 할 문제들이다. 아울러 지금까지 지방재정을 논의할 때 일반재정의 문제(즉, 지방정부)만을 다루어 왔다. 하지만 이는 바람직하지 않다. 국제 기준을 보더라도 교육재정은 지방재정의 범주이다. 따라서 지방정부의 일반재정과 교육재정을 포괄적으로 보아야 한다. 여기서 잠깐 지방정부의 교육재정과 일반재정을 구분해 보자. 지방정부의 일반재정은 지방정부가 지출하는 재정을 의미하고, 교육재정은 지방교육청(17개)이 지출하는 재정을 의미한다.

남아도는 교육재정(내국세의 20.27%)

교부세 특성상 내국세의 비율로 산정되기 때문에 현 교육재정교부금은 학령인구 감소를 전혀 반영하지 않고 있다. 일선학교 현실을 감안해 볼 때, 교육재정은 남아서 어찌 쓸까를 고민하기 일쑤이다. 한마디로 일반재정에 비해 교육재정은 재정운영 측면에서 볼 때 상당한 여유가 있다는 것이다. 그럼에도 불구하고, 교육부(교육청)는 '고교무상교육'에 난색을 표시하며 또 다른 재원을 요구하고 있다. 저자의 견해로는 추가 재원 없이도 고교무상교육은 충분하며,

교육재정은 차고도 넘친다.

일반재정과 교육재정은 통합해야

교육자치를 골자로 교육부는 과거 일제 강점기 교육 패턴에서 벗어나지 못하고 있음은 주지하고 있는 사실이다. 지방교육청으로 이관된 사무들을 고려할 때 교육부의 존치도 고려할 필요가 있다('교육위원회'면 족한 듯하다). 교육부는 수사어적 표현(창의인재 등)이 난무하지만 제대로 된 교육정책이라고는 찾아볼 수가 없다. 그 예가 바로 자유학기제(또는 자유학년제)이다. 외국의 자유학기제가 무엇을 지향하는지 되짚어 보아야 한다. 또 다른 예를 들면 교육부가 대학 줄세우기 하는 나라가 있는지 확인해 보아야 한다. 우리나라의 공교육은 전혀 신뢰받지 못함은 물론 방만 운영의 대명사라 할 수 있다. 이제 새로운 시각에서 학령인구를 반영하는 등 다양한 대안을 모색함과 동시에 교육재정교부금을 현행 내국세의 일정 비율을 유지할지도 검토가 필요하다. 또 다른 대안으로 지방정부의 일반재정과 통합운영을 고려할 필요가 있다. 일반재정과 교육재정이 합쳐져야만 진정한 의미의 재정분권의 시작이라 할 수 있을 것이다.

제 **2** 장
현행 재정위기 관리, 적절한가?

제2장

현행 재정위기 관리, 적절한가?

> ▪ 누구의 잘못이 더 클까?
>
> ### 중앙정부 (only)
> 잘못된 제도설계

1. 사전: 재정위기 사전경보 시스템

재정분석 · 진단제도 한계 극복, 글쎄 …

재정위기 사전경보 시스템(사전)은 재정분석 · 진단제도(사후)가 지니는 상시 모니터링의 한계에 근거하여 지방재정 운영 상황을 매월, 분기별, 반기별로 측정하기 위함이다. 지방정부별로 재정위기가 우려되는 경우 재정위기 단체로 지정할 수 있고, 재정위기 단체로 지정되면 의무적으로 재정건전화 계획을 수립한 후 지방채 발행과 일정 규모 이상의 신규 사업을 제한하는 한편, 정기적으로 재정건전화계획을 이행하고 있는지에 관해 지방의회와 행정안전부장관에게 보고하도록 되어 있다.

지방재정위험을 판단하는 기준인 '재정위기 사전경보 시스템'은 〈그림 2-1〉과 같이 재정수지, 채무, 세입, 자금, 공기업 부채 등 5개 관점의 7개 지표를 사용하고 있으며, 지표별로 '주의'·'심각' 기준에 해당할 경우 재정위기 단체로 지정하고, 재정위기 여부를 심층 진단하게 되어 있다. 지방재정위기 사전경보 시스템은 위험 등급에 따라 심층 진단을 거쳐 자구 노력 권고 또는 강력한 건전화 조치가 수반된다. '주의' 단체는 심층 진단을 통해 세출·채무조정 및 자구 노력을 권고하게 되어 있고, '심각' 단체는 재정위기 단체를 지정하여 재정건전화 조치를 취하게 된다. 재정건전화 조치의 내용은 신규 사업 추진 제한 및 지방채 발행 통제, 공무원 인건비 절감 등 세출 절감과 세입 증대 노력 등 자구계획을 수립하여야 한다.

그림 2-1 재정위기 사전경보 시스템의 구조

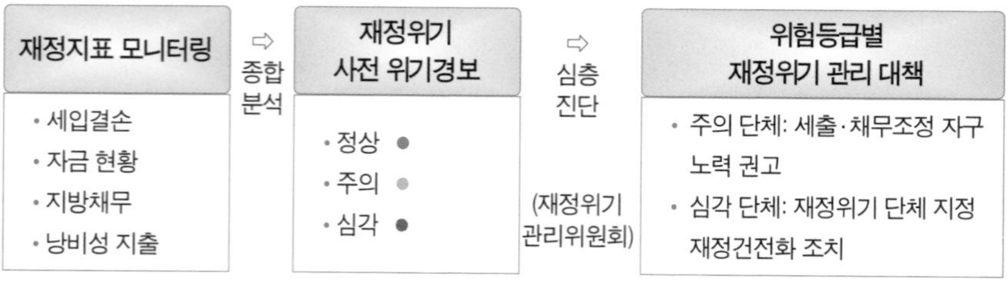

재정지표 모니터링	종합분석 ⇨	재정위기 사전 위기경보	심층진단 ⇨	위험등급별 재정위기 관리 대책
· 세입결손 · 자금 현황 · 지방채무 · 낭비성 지출		· 정상 ● · 주의 ● · 심각 ● (재정위기 관리위원회)		· 주의 단체: 세출·채무조정 자구 노력 권고 · 심각 단체: 재정위기 단체 지정 재정건전화 조치

재정위기 판단 세부기준

지방재정위기 사전경보 시스템 운영규정, 제3·4조의 내용으로 모니터링 기준과 자료 입력에 관한 내용은 다음과 같다(행정안전부 훈령 제198호, 2011. 10.

12.). 먼저 제3조에서 규정하고 있는 모니터링 기준은 〈표 2-1〉과 같으며, 세부적인 내용을 살펴보면 〈표 2-2〉와 같다.

표 2-1 재정위기 사전경보 시스템 기준 판단 기준(산정방식)

시행령	지표	산정방식	'주의' 기준	'심각' 기준
제65조의2 제2항 제1호	통합재정수지 적자비율	$\dfrac{(\text{세입}-\text{지출 및 순융자})}{\text{통합재정 규모}}$	25% 초과	30% 초과
제65조의2 제2항 제2호	예산 대비 채무비율	$\dfrac{\text{지방채무 잔액}}{\text{총예산}}$	25% 초과	40% 초과
제65조의2 제2항 제3호	채무상환비 비율	$\dfrac{\text{지방채무 상환액}}{\text{일반재원}}$	12% 초과	17% 초과
제65조의2 제2항 제4호	지방세 징수액 현황	$\dfrac{\text{당해 연도별 월별 누적징수액}}{\text{최근 3년 평균 월별 징수액}}$	80% 미만	70% 미만
제65조의2 제2항 제5호	금고잔액 현황	$\dfrac{\text{당해 연도 분기말 잔고}}{\text{최근 3년 평균 분기말 잔고}}$	20% 미만	10% 미만
제65조의2 제2항 제6호	공기업 부채비율	$\dfrac{\text{부채}}{\text{순자산}}$	400% 초과	600% 초과

표 2-2 재정위기 사전경보 시스템 세부 기준

관점	재정지표	재정위기 단체 지정 기준
재정수지	통합재정수지 적자비율	통합재정수지 적자비율이 100분의 30을 초과하는 경우
채무관리	예산 대비 채무비율	예산 대비 채무비율이 100분의 40을 초과하는 경우
	채무상환비 비율	채무상환비 비율이 100분의 17을 초과하는 경우
세입관리	지방세징수액 현황	당해 연도 월별 누적징수액이 최근 3년 평균 월별 징수액의 100분의 70 미만인 경우
자금관리	금고잔액 현황	당해 연도 분기별 금고의 총잔액이 최근 3년 해당 분기별 평균 금고 총잔액의 100분의 10 미만인 경우
공기업 부채관리	공기업 부채비율	기업 부채비율이 100분의 600을 초과하는 경우
	개별공기업 부채비율	

자료: 법제처(2019), 〈지방재정법 시행령〉 제65조의2(재정진단).

표 2-3　재정위기 사전경보 시스템 자료 입력(e-호조)

입력 대상	입력기한		방법	비고
통합재정수지 적자비율	1회	5. 31.	e-호조	1회 입력 시, 공기업특별회계 및 기금 기초자료를 일반회계 과목 체계로 분류 작업하여 입력
	2회	10. 15.		
예산 대비 채무비율	1, 4, 7, 10월 15일		e-호조	총예산 및 채무 잔액은 3, 6, 9, 12월 말일 기준
금고 잔액 현황	매월 15일		e-호조	매달 말일 기준으로 일반회계, 특별회계, 기금을 입력
공기업 부채비율	1회	매년 4. 30.	e-호조	지방정부가 출자·출연한 모든 지방공사의 전년도 말 부채비율 입력
	2회	매년 10. 15.	e-호조	지방공기업법 제2조 제1항 제7호 및 제8호의 사업을 경영하기 위하여 시·도가 설립한 지방공사의 6월 말 부채비율

〈표 2-3〉은 재정위기 사전경보 시스템의 자료 입력에 관한 내용이다. 현행 기준에 의하면 통합재정수지비율은 5월과 10월에 2회 입력, 예산 대비 채무비율은 3, 6, 9, 12월을 기준하여 4회 입력, 금고잔액 현황은 매월 1회, 공기업 부채비율은 매년 4월과 10월에 입력된다. 다만 지방세 징수액과 채무상환비 비율은 입력되지 않고 있다.

재정위험 판단 기준 지표의 한계

현행 재정위기 사전경보 시스템의 재정위험 판단 기준(5개 관점, 7개 지표) 중에서 예산 대비 채무비율은 유용한 지표이지만 다소 한계가 내재되어 있다. 예를 들어, 지방채를 발행하여 채무비율은 급격히 늘었으나, SOC 건설과 관련하여 국고보조금이 급증하여 예산 규모가 늘어날 경우, 실제 채무가 개선된 것으로 인식할 수 있다. 따라서 예산 대비 채무비율 지표를 사용하되, 위 경우에 한해 세부적인 분석이 병행되어야 한다. 특히, '주의', '심각' 기준에 해당하는 지방정부에 한해 내용을 적용할 수 있을 것이다.

채무상환비율이 높으면 …

채무상환비 비율은 다소 제한적이라 판단된다. 지표의 구성자료가 과거 4년과 미래 4년간을 계상하기 때문에 실제 '주의' 기준 12% 초과, '심각' 기준 17% 초과에 해당하는 지방정부는 찾아보기 힘들다. 지방세 징수액 현황[1]은 지방세 징수율의 연도 간(또는 중·장기 추세) 변화 정도를 파악할 수 있는 지표로 비율이 높을수록 징수 노력이 높은 것을 의미한다. 이 지표는 보통교부세와 연계된 지표이며, 과년도분 및 주행세, 지방소비세 부과 징수실적은 제외된다. 또한 재정위기 판단 기준에서 제시된 지방세 징수액이 50% 미만은 주의 기준에, 0% 미만은 심각 수준으로 분류하고 있어 실제 재정위기 지표로서는 타당성이 낮다고 할 수 있다.

일시차입금을 부풀리면 …

감사원(2012)의 조사로는 서울특별시 등 일부 지방정부가 단기적으로 일시차입금을 차입하여 금고 잔액을 부풀리고 있다. 그 결과 일부 지방정부에서 당해 연도에 상환해야 할 일시차입금을 제외하면 매 분기 말 순 금고 잔액이 음(−)으로 나타나 재정위기 기준 '주의' 또는 '심각'에 해당한다. 따라서 금고 잔

---

1 예를 들어, 2018년도 지방세 징수액 현황은 2018년도 지방세징수율 / 2017년도 지방세징수율로 비율이 산정된다.

액 현황에 일시차입금을 포함하지 못하게 하는 조치가 필요할 것이다. 또한 공기업부채비율은 주의 400%, 심각 600%로 규정하고 있는데, 이를 초과하는 지방공기업에 대한 조치가 필요한 시점이다(2017년 기준 시흥시공영개발 1,042.2%, 부산시설공단 649.7%, 충주시시설관리공단 657.4%, 경주시시설관리공단 1,799%, 진주시공영개발 2,371.2%).

2. 사후: 재정분석·진단

재정분석·진단 기준지표

사후 재정진단 시스템은 재정분석·진단제도가 활용된다. 재정분석진단제도는 재정건전성 지표(6개), 재정효율성 지표(7개), 책임성 지표(1개)와 통계관

표 2-4 재정분석 · 진단 지표 구성

분야	세부지표(22개)	배점(1,000점)
재정건전성 (6개 지표)	• 통합재정수지비율 등 수지관리 2개 지표 • 관리채무비율, 통합유동부채비율 등 채무(부채)관리 2개 지표 • 공기업 부채비율 등 공기업관리 2개 지표	500점
재정효율성 (7개 지표)	• 자체수입비율(증감률) 등 수입관리 1개 지표 • 지방세징수율(제고율) 등 징수관리 2개 지표 • 지방보조금비율(증감률) 등 외부지원관리 2개 지표 　- 외부지원관리 분야 2개 지표에 대해 정성평가지표 운영(FY2019) • 지방의회 경비절감률 등 내부 경비관리 2개 지표	500점 ※ 보통교부세 공유
재정책임성 (1개 지표)	• 재정법령 준수 1개 지표	감점 지표

표 2-5 재정분석·진단 지표

분야	분석지표	분석기간	대상 회계	지표성격
Ⅰ. 재정건전성	1. 통합재정수지비율	단년도	통합회계	상향지표
	2. 경상수지비율	단년도	통합회계	하향지표
	3. 관리채무비율	단년도	통합회계	하향지표
	4. 통합유동부채비율	단년도	통합회계, 공사공단, 출자출연기관	하향지표
	5. 공기업 부채비율	단년도	공기업회계	하향지표
	6. 총자본 대비 영업이익률	단년도	공기업회계	상향지표
Ⅱ. 재정효율성	7. 자체수입비율(증감률)	2년	일반회계	상향지표
	8. 지방세징수율(제고율)	2년	일반회계	상향지표
	9. 체납액 관리비율(증감률)	2년	일반회계	하향지표
	10. 지방보조금비율(증감률)	2년	일반회계, 기타특별회계	하향지표
	11. 출자출연전출금비율(증감률)	2년	통합회계	하향지표
	12. 지방의회 경비절감률	단년도	일반회계	상향지표
	13. 업무추진비절감률	단년도	일반회계, 기타특별회계	상향지표
Ⅲ. 재정책임성	14. 재정법령 준수	단년도	일반회계	페널티

주: 통합회계: 일반회계, 기타특별회계, 공기업특별회계, 기금.
[참고 지표: 18개]
① 관리채무 부담비율, ② 관리채무 상환비율, ③ 장래세대 부담비율, ④ 의무지출비율(증감률), ⑤ 정책사업 투자비 비율, ⑥ 행정운영경비 비율(증감률), ⑦ 자본시설 지출비율(증감률), ⑧ 자본시설 유지관리비 비율(증감률), ⑨ 인건비집행률, ⑩ 실질수지비율, ⑪ 주민참여예산 지출비율, ⑫ 탄력세율, ⑬ 행사축제경비 비율(비율증감률), ⑭ 환금자산 대비 부채비율, ⑮ 민간위탁금비율증감률, ⑯ 예산집행률, ⑰ 예산이월비율, ⑱ 일자리사업 지출비율.
자료: 행정안전부·한국지방행정연구원(2019), 《2019년 지방자치단체 재정분석편람》.

리 목적의 보조지표(18개)를 활용하여 재정건전성을 파악한다. 특히, 지방정부의 재정 현황 및 성과를 객관적인 자료에 근거하여 종합적으로 분석·평가함으로써 지방재정의 건전성과 효율성을 제고(지방재정법 제55조 및 시행령 제65조에 근거하여 1998년부터 매년 지방자치단체별 분석·평가)하고, 지방정부별 재정운영 결과를 분석·공개함으로써 지방재정의 책임성과 투명성을 확보하여(유사단체 재정비교표를 활용한 자율적 재정위상 확인 및 점검) 재정건전성 및 효율성이 미흡한 자치단체에 대한 원인 분석과 대안 제시를 통한 재정여건 개선을 지원하는 것이 목적이다. 궁극적으로 지방재정 운영 결과에 대한 정례적인 분석·공개를 통해 지방재정 운영의 건전성 및 효율성·책임성을 확보하는 것이다.

유효한 재정위기 관리제도인가?

지방재정법 제55조에 따르면 행정안전부 장관은 자치단체의 재정운영 결과를 대상으로 분석지표를 활용하여 매년 재정분석을 실시하고, 분석 결과 효율성이 현저히 떨어지는 지방정부에 대해서는 재정진단을 실시하여 지방재정 악화의 원인을 규명하고, 재정진단 결과 필요한 경우 재정건전화 계획의 수립 및 이행을 권고할 수 있도록 했다. 재정분석·진단제도는 1998년부터 10개 분석지표를 활용하다가 2019년 기준, 14개 22개 세부지표를 활용하고 있다. 또한 객관성과 전문성 제고를 위해 민간연구기관(한국지방행정연구원)에 재정분석을 위탁수행하고 있다. 이 제도는 한 해 재정집행이 완료된 후 세부재정지표를 분석하여 해당 자치단체의 재정성과를 평가하는 데 초점이 맞추어져 있어서, 연중에 해당 자치단체가 재정위기에 직면하였는지를 판단하기에는 유효한 재정위기 관리제도라 할 수 없다. 일례로 통합재정수지비율이 음(-)의 결과 값이라 할지라도 지방정부는 문제로 인식하지 않고, 단지 평가 수단에 머물러 있다.

임시방편의 땜질식 처방(진단)이 문제다

국세와 지방세 비율이 77:23에 가까운 현실을 고려할 때 지방정부가 중앙정부에 재정의존 경향이 심화되고, 재정분석·진단 및 결과에 대한 지방정부의 환류 또한 저해하고 있다. 이와 같은 한계로 인해 지방재정 분석·진단제도는 지방정부에 대한 재정컨설팅의 성격을 지니며, 재정위기 단체의 구조조정을 위한 강제성 있는 처방은 아니라고 볼 수 있다. 가장 큰 문제는 재정분석·진단제도가 현금주의와 발생주의 기준의 지표를 혼용 사용함은 물론 제도 변천 과정에서 임시방편의 땜질식 처방으로 지표를 설계하고 있다는 점이다. 원천적으로 실질이 보장되는 재정분석·진단지표의 개발이 필요할 것이며, 사후 진단체계라 할지라도 모니터링이 가능해야 할 것이다. 아울러 현재와 같이 전문가의 평가방식이 아니라 e-호조 시스템을 활용한 재정분석·진단이 가능해야 할 것이다.

여기서 잠깐

e-호조(hojo) 시스템은 지방정부가 활용하는 재정관리 시스템이다. 한편, 중앙정부의 재정관리 시스템은 dBrain이며, 교육재정 관리 시스템은 Edufine이다.

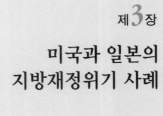

제3장

미국과 일본의
지방재정위기 사례

제**3**장

미국과 일본의 지방재정위기 사례

> ▪ 누구의 잘못이 더 클까?
>
> **연방정부** ≤ **주 및 지방정부**
> 신연방주의 부실한 재정관리

1. 미국

주별 기준관리 및 연방정부 차원의 파산제도 운영

미국은 과거 재정위기 경험을 토대로 재정위기 기준을 설정하여 관리하고 있다. 기준 설정은 지방재정 문제를 해결하고 구제하기 위한 선행조건이라 할 수 있다. 그 기준은 주(state)별로 설정하여 관리하고 있으며, 연방정부 차원에서 파산제도를 운영하고 있다. 또한 미국은 지방정부의 재정위기나 파산 시 주정부나 연방정부가 개입하여 해결하는 방식을 택하고 있다. 정부간자문위원회(ACIR)의 가이드라인에는 주정부가 재정위기를 선언할 수 있는 네 가지 기준을 제시하고 있는데, 채무상환 불이행, 세금·연금 등 정부 간 부담 불이행, 공무원 봉급 및 연금 지급의 일정 기간 불이행, 경상계정에서 전년도 지출의

10%를 초과하는 일시차입금 등이다.

부실한 재정관리와 연성예산제약에서 비롯된 파산

미국 지방정부의 재정위기 패턴은 경기순환과 밀접하게 연관되어 왔다. 1930년 대공황 이후 상황은 다음과 같다. 대공황의 여파, 대규모 경기침체로 인한 1930년대 지방재정위기, 신연방주의(new federalism) 정책에 따른 지방이양 사무 증가, 연방정부 재정적자로 인한 주 및 지방정부에 대한 연방보조금 삭감으로 인한 1970~1980년대 지방재정위기, 지방정부의 부실한 재정관리에서 비롯된 1990년대 지방재정위기 등이다. 1990년 이후, 지방재정위기는 경기침체나 연방정부의 정책 변화 등 지방정부의 외적인 요소 외에도 내부의 관리체계와 연성예산제약(soft budget constraint)등 다양한 원인에 의해 발생하였다. 이러한 현상은 내부의 관리 능력 부재에서도 촉발된 것이다.

미국 지방정부들이 재정위기(또는 파산위기)에 직면했을 때 작동되는 다양한 지방재정 재건제도(financial recovery)가 있는데, 크게 세 가지로 분류된다. 첫째는 주(state)의 전면적인 재정금융원조에 의한 재정재건이고, 둘째는 주 파산관재인제도(receivership)에 의한 재정재건이다. 셋째, 연방파산법 제9장(Chapter 9)에 의한 재정재건이다(Honadle, 2003; Kloha et al., 2005). 위 세 가지 재정재건제도의 특징, 절차, 장·단점에 대하여 기술하면 다음과 같다.

주의 전면적인 '재정금융원조'에 의한 재정재건

지방정부가 재정위기나 파산의 기로에 직면했을 경우, 지방정부는 주

(state)의 감시와 통제 아래 재정재건을 도모하는 방식이다. 지방정부에 심각한 재정위기가 발생하면 주정부는 특별대책위원회나 재정감시기관을 설치하고 재정 상태를 심사하여 재정위기 대책을 마련하고 있다. 이러한 방식에서 지방 정부가 적극적으로 재정재건을 위해 노력할 때 지방정부 자체 조직의 자구적 재건 노력이 가능하다. 주의 전면적인 재정금융원조에 의한 재정재건 방식을 활용하면 해당 지방정부는 자치권을 상실하지 않고 재정재건을 할 수 있다. 이 러한 점에서 주의 재정원조 방식은 지방정부가 선호하는 재정재건 형태이다. 하지만 선출직 시장 또는 시의원들이 어려운 재정여건 속에서도 공약을 추진 하기 때문에 긴축재정이나 구조조정의 효과성을 담보할 수 없게 된다. 따라서 너무 오랜기간 동안 재정재건을 추진하거나, 적기에 과감한 재정조치를 취하 지 않아 재정여건을 더욱 악화시킬 가능성이 상존한다.

주 '파산관재인제도'를 이용한 재정재건

주의 전면적인 재정금융원조에 의한 재정재건이 해당 지방정부로서는 가 장 이상적 방식이지만 이 방식으로는 재정재건이 어렵다고 판단되면, 파산관 재인제도를 활용한다. 즉, 주 파산관재인에 의한 재정재건 방식은 주의 보호 아래 지방정부의 파산을 검토한다. 이 제도는 지방정부의 재정 상태가 주의 재 정지원으로는 재건이 어려울 정도로 크게 악화되어 있고 지방자치를 일시적 으로 중단하지 않으면 안 될 정도에 이른 경우에 이용한다. 주 파산관재인제도 는 주의 일반법에 별도로 규정되어 있지 않고, 지방정부가 재정위기에 직면했 을 경우 당시 상황에 따라 결정된다. 주의회가 파산관재인이 필요하다고 판단하면 의결을 거쳐 해당 지방정부만 특별하게 적용되는 특별법을 제정하여 파산관재인을 두게 된다. 특별법에는 파산관재인의 선임을 포함하여 파산에 대응할 여러 조치를 포함해야 한다.

파산 시 지방정부의 장은 해임, 의회는 자문기관으로 …

일반적으로 파산을 초래한 지방정부의 장(예, 시장)은 특별법 통과와 동시에 해임되고 주지사가 임명한 파산관재인이 보통 5년 동안 지방정부(예: 시정부)를 통치하고, 기간 중 구조재정과 재정재건 임무를 수행한다. 시의회 또한 입법기능은 상실하고 자문기관으로 격하되며 시의원은 조언의원 형식으로 남게 된다.

이 제도는 주의 재정지원에 의한 재정재건 방식과 비교할 때 일정 기간 동안 지방자치를 정지당하고 선출직 공무원들도 그 기능을 상실하게 되는 단점이 있다. 하지만 주지사가 임명한 파산관재인은 현재의 수준대로 공공서비스 유지나 공약 준수 등 시민에 대한 정치적 책임에서 자유롭기 때문에 파산극복과 재정재건에 전념할 수 있다는 장점이 있다. 물론 주의회 또는 주지사가 해당 지방정부의 여건이 호전되었다고 판단(파산 극복, 재정재건)하면 자치권은 다시 부활된다.

주 파산관재인제도를 이용한 재정재건의 사례는 첼시(Chelsea)시의 경우를 들 수 있다. 첼시시는 특별법에 근거하여 시의회 입법기능이 상실되고 대신 자문기관으로 전락하였으며, 시장은 해임되었고 주지사가 임명한 파산관재인이 5년간 시정을 담당했다.

'연방파산법 Chapter 9'에 의한 파산선언을 통한 재정재건

미국은 여타의 국가와 달리 지방정부의 파산을 법적으로 인정하고 있다. 이를 '연방파산법 Chapter 9'이라 부른다. 다만 기업의 파산처럼 자산의 청산을 통한 채무의 공평한 변제가 아니라, 채무자인 지방정부가 연방파산재판소의 감독 아래 채권자와 협의하면서 채무의 단계적 상환 등을 통한 채무조정과 재건을 도모하는 일련의 과정을 거친다. 이를 통해 지방정부의 기능을 계속 유지하게 되는 것이다(Frey et al., 2007). 즉, 지방정부가 파산에 직면했을 때 이를 구제하기 위한 제도로써 주 파산관재인제도와는 달리 지방정부의 장 및 의회 등 통치기구를 그대로 유지하면서 재정재건 절차를 거치는 것이다.

1930년대 이후 미국은 500여 개의 파산 신청이 들어왔다. 이 중 일반목적의 지방정부 파산은 매우 드물고, 대부분은 특별구(special district)나 학교구(school district)이다. 일반목적의 지방정부 파산 신청은 1994년 California Orange County의 사례가 있다. 미국에서 주 및 지방정부의 파산(municipal bankruptcy)에 관한 권한은 원칙적으로 미 연방의회(U.S. Congress)가 가지고 있다. 1910년 이전에는 연방의회의 헌법적 권한과 주정부 산하 지방정부에 대한 실질적 통제권한의 행사로 인한 갈등으로 미 연방의회가 주 및 지방정부의 파산에 관한 법률을 가지고 있지 않았다. 한편, 이 법률은 1910년 연방의회를 통과하였으며, 지방정부가 파산을 선언하기 위해서는 모든 채권자와 일일이 채무의 상환조건을 합의하도록 규정하였다. 채권자 중 단 한 명이라도 조정된 채무상환 조건에 반대하게 되면 채무의 의무를 떠안은 지방정부가 원칙적으로 파산을 선언할 수 없도록 규정한 불합리한 법이었다. 하지만 1929년부터 대공황의 여파로 수많은 주 및 지방정부들이 급격한 세입 감소로 파산을 선언함에 따라, 이의 원활한 해결을 위해 연방의회는 1934년 주 및 지방정부의 파산에 관한 법률(Municipal Bankruptcy Act)을 제정하여 주 및 지방정부들이 쉽게 파산을 선언할 수 있도록 법 조항을 바꾸었다. 새로운 법에 따르면, 파산을 신청하고자 하는 주 및 지방정부의 51% 이상의 채권자들이 조정된 채무상환조건(plan of readjustment)을 찬성해 주면 주 및 지방정부는 자발적으로 연방정부 법원(federal court)에 파산을 신청할 수 있다.

주 및 지방정부의 파산 신청을 받은 연방정부 법관은 주 및 지방정부의 파산 신청서를 심사한 후 만일 파산을 신청한 정부가 작성한 수정(조정)된 채무청산안이 공평하고, 채권자들의 이익을 보호하며, 채권자들을 차별하지 않고, 파산을 신청한 주 및 지방정부가 수정(조정)된 채무청산안을 지킬 수 있다고 판단되면 신청 지방정부의 파산을 법적으로 선언한다(Frey et al., 2007).

일부 주정부에서는 주 산하 지방정부가 연방법원에 파산을 신청하기 전에 반드시 주정부의 허락을 받도록 주 헌법 등에 명문화하였고, 주 산하 지방정부는 주정부의 허락서를 연방정부 법원에 제출해야 한다. 1934년 이후 수차례의 개정을 거쳐 현행 주 및 지방정부의 파산에 관한 법률은 주 및 지방정부의 파산선언을 보다 더 간략하게 하였다. 파산선언을 하고자 하는 주정부는 채권자들에게 파산을 선언할 것이라고 통보하고, 연방법원에 채무를 갚을 수정안과 채권자 명단을 제출한다. 만일 연방법원이 이를 수락하면 개별 채권자들은 채무자인 주 및 지방정부에 별도의 법률소송을 낼 수 없도록 하여 파산선언을 신청하는 주 및 지방정부의 권익을 향상시켰다.

Chapter 9의 신청 요건

Chapter 9은 지방정부가 다섯 가지 요건을 충족할 경우에만 파산을 신청할 수 있다. 첫째, 지방정부여야 한다. 둘째, 주(state)법에 지방정부가 채무자의 자격을 인정해야 한다. 셋째, 지방정부가 지불불능(insolvent) 상태여야 한다. 넷째, 지방정부가 채무정리계획을 실행할 의지를 가져야 한다. 다섯째, 파산 신청 이전에 채권자와 성실히 교섭을 해야 한다. 해당 지방정부는 진정으로 채무조정 방안을 함께 모색하고 채무자와 채권자는 상호 신뢰에 입각하여 협상해야 한다(Frey et al., 2007).

미국 재정위기 사례

미국의 주 및 지방정부는 글로벌 경제위기나 지역경제 불황과 연관하여 지방채 부실관리 등으로 인해 재정위기를 경험하였다. 첼시시(1991), 브리지포트시(1991), 마이애미시(1996)는 세수 감소, 빈곤층 유입 및 보조금 축소 및 복지 지출의 증가에 따른 재정위기를 경험하였고, 뉴욕시(1975, 1993)와 오렌지 카운티(1994)는 글로벌 경제위기와 투자기금의 내부 부실관리 및 지방채의 부실관리로 인한 누적적자 때문인 재정위기를 경험한 바 있으며, 워싱턴 D.C.(1995)는 정부 간 재정관계 등의 요인으로 재정위기를 경험한 바 있다.

미시간주의 여러 도시(2008)와 캘리포니아주(2009), 로스앤젤레스(2010)가 재정위기를 경험하였다. 제퍼슨 카운티(2011)는 하수도 정비사업(재정사업)의 공사비 조달을 위해 지방채를 발행하였고, 세계경기 침체로 금리가 크게 상승하여 지불비용이 증가하자 견디다 못해 파산보호신청(Chapter 9)을 하게 되었다. 첼시시는 주 파산관재인제도를 활용하여 재정위기를 극복하였고, 브리지포

표 3-1 미국 지방정부의 재정위기 사례

지방정부	재정위기 발생 사유
첼시시, 브리지포트시(1991)	경제불황과 산업구조 개편, 도심공동화 및 인구 유출 등으로 세입 축소, 주정부의 기능 이양과 빈곤층 유입, 실업률 증가로 인한 복지 지출 확대로 세출이 증가하여 재정적자 발생
뉴욕시 (1993)	1987년 주식시장의 붕괴로 시작된 재정·금융 서비스 산업 부문의 위축으로 재산세 수입이 급감하고, 경기침체에 따른 도시 내 빈곤 문제 악화로 사회복지 지출 확대 및 지방채 상환 부담 가중
오렌지 카운티 (1994)	부동산 가격 하락에 따른 재산세 수입 감소를 보전하기 위하여 파생금융상품에 투자하였다가 16억 달러의 손실을 보게 되어 1994년에 연방법원에 재정파산 신청
워싱턴 D.C. (1995)	정치적 동기에 의한 행·재정 부문의 방만한 운영, 인구의 급격한 감소에 따른 세입 감소, 사회복지비 및 인건비 지출 확대 등에 의해 1995년 재정위기 발생
마이애미시 (1996)	인구 유출 및 비영리단체 등에 대한 광범위한 면세혜택 부여에 따라 세입 기반이 약화하고, 임대료 등 세외수입 확보 노력 미흡 등 불건전한 재정운영으로 인하여 재정위기 직면
캘리포니아주 (2009)	부동산 경기 과열 시 재산세 급증 방지를 위해 주의회 재적 2/3의 찬성 없이는 세금 인상을 못하게 한 제안(proposition) 13호에 따라, 부동산 거품 붕괴 후 세수 감소에도 불구하고 증세가 어려워 재정불균형 초래
제퍼슨 카운티 (2011)	하수도 정비사업의 공사비용 조달을 위해 30억 달러의 지방채 발행, 세계경제 침체가 지속되면서 지방채 금리가 크게 올라 지불비용이 치솟자 이를 견디지 못하고 파산보호 프로그램인 'Chapter 9'를 신청

자료: 국회예산정책처(2010), p. 28.

트시, 뉴욕, 플로리다의 마이애미시는 주정부의 재정원조에 의한 재정재건 방식을 활용한 바 있다. 연방파산법원에 파산 신청을 통한 재정재건을 수행한 도시는 캘리포니아 오렌지 카운티이다. 더불어 연방의회 재정원조에 의한 재정재건은 워싱턴 D.C.이고 캘리포니아 주정부는 지금도 해결 중이다.

경상적자 보전을 위한 단기차입에서 비롯된 재정위기

뉴욕시의 재정위기 선언은 1975년 4월이지만 사실상 그 이전에 이미 예견

된 재정위기였다고 할 수 있다. 1960년대 말부터 1970년대 초에 직면한 재정 문제는 뉴욕시의 문제만은 아니었다. 다만, 뉴욕시는 경상적자를 증세나 지출 삭감을 통해 해결하기보다는 단기차입에 의존하였다. 그 결과 채무가 엄청나게 늘어나 결국 위기단체로 전락하고 말았다. 재정위기를 선언한 이후 금융기관들은 신용창구를 폐쇄하고, 뉴욕시의 고용인원 감축과 급료 삭감 등을 요구하지만, 뉴욕시로서는 충분한 조치가 불가하였다. 뉴욕시의 재정위기는 한마디로 경상적자 보전을 위한 단기차입을 활용하였다는 것이 가장 큰 문제이다. 또한 경상적자가 누적되고 있음에도 이를 과소평가하였는데, 예산자료 적용의 문제, 경상적 지출과 자본적 지출 구분의 문제, 공무원연금 기여금의 문제 등이다. 또 다른 하나는 막강한 공무원 노조, 지나친 사회복지사업 및 채권평가 시스템의 문제에서 기인한다. 궁극적으로는 자본적 지출 외 사용 목적으로 지방채를 발행한 것이 가장 큰 문제로 인식된다. 특히, 경상적 지출이 부당하게 자본적 지출로 분류되어 결과적으로 경상적자가 그만큼 커졌다. 결국, 연방정부는 긴급재정구제를 결정하여 위기를 넘겼지만 해결해야 할 과제만 남긴 셈이다.

파생금융상품 투자(투자손실 발생)에서 비롯된 재정위기

1994년, 오렌지 카운티의 재정위기에 따른 파산은 경기악화로 말미암은 세수 감소나 세출 증가에 따른 것이 아니라 카운티의 재무담당자가 투기에 실패하여 손실을 본 것이 주요 원인이었다. 오렌지 카운티는 인근 187개의 지방정부 및 공공기관이 참여하는 76억 달러[1]의 오렌지 카운티 투자 풀을 설립하

---

1 1994년까지 투자 규모는 206억 달러에 이른다.

표 3-2 오렌지 카운티 투자 풀의 주요 참여기관들

(단위: 백만 달러)

주요 참여기관	금액
오렌지 카운티	2,760.5
오렌지 카운티 운수공사(Transportation Authority)	1,092.9
오렌지 카운티 위생구(Sanitation District)	441.0
오렌지 카운티 운수청(Transportation Corridor Agencies)	341.8
오렌지 카운티 고용자 퇴직기금	133.4
학교구(School Districts) (60개)	1,048.0
시(Cities) (37개)	1,043.0
수도구(Water Districts) (11개)	516.2
기타 구 및 기관(Other District and Agencies)	40.7

자료: 전상경(2011), p. 479.

여 자금을 운영하였다. 〈표 3-2〉는 오렌지 카운티 투자 풀의 주요 참여기관이다.

오렌지 카운티 투자 담당자가 파생금융상품에 투자(16.4억 달러의 투자손실이 발생)하여 지급 불능 사태로 이어졌다. 재정파산 이전에는 오렌지 카운티 투자 풀은 아주 성공적이라는 평가를 받았다. 즉, 다른 카운티의 평균수익률은 4.7%에 불과하지만, 오렌지는 7.2%였다. 이렇듯 규모의 경제 측면에서 투자 풀이 유리했지만, 시장이자율의 상승(예: 1991~1992: 3% → 1994~1995: 35%)으로 장기채권의 가치가 떨어짐과 동시에 연방정부의 금융정책 변화로 시나리오가 최악으로 변질되었음에도 불구하고 자산의 투자전략을 그대로 유지한 결과라 볼 수 있다(전상경, 2011).

파산의 피해자는 주민뿐만 아니라 공무원도 감축 …

1994년 12월, 오렌지 카운티 정부는 카운티의 파산을 선고하였다. 연방파산법(9장)에 근거하여 두 가지의 파산을 신청하였으나, 오렌지 카운티 투자 풀에 대해서는 거부되었고, 오렌지 카운티에 대한 파산은 인정되었다. 오렌지 카운티는 대안으로 공무원 2,000명을 감축하였고, 사회복지비 지출을 대폭 삭감하였다. 그 결과 시영버스, 복지시설·출장소 등을 폐지하여 빈곤층이 더 많은 타격을 입었고 각종 사용요금의 인상은 불가피했다. 애초 카운티에서 증세 조치를 제안하였지만, 주민에 의해 부결되었다. 이와 같이 주민이 가장 큰 피해를 입은 오렌지 카운티의 재정재건은 파산 선언 18개월 후인 1996년 6월 12일에 종료되어 신속한 재건이라는 평가를 받고 있다.

제안 13호(세금 인상 시 주민투표)에서 비롯된 재정위기

2009년 7월, 캘리포니아주 정부는 253억 달러에 달하는 엄청난 재정적자의 해법에 대한 공화당과 민주당의 입장 차이로 예산안이 통과되지 못한 채 재정 비상사태가 선포되었다. 이는 부동산시장 붕괴와 경기침체를 재정난의 이유로 들 수 있겠지만, 보다 근본적으로는 1978년 캘리포니아 주민의 발의로 통과된 '제안(Proposition) 13호'[2]가 재정파탄의 전주곡이라 보는 시각이 일반적이다. 1982년 캘리포니아주는 주민투표를 통해 주 상속세를 폐지했다. 재정난을 겪게 되면 씀씀이를 줄이고 세금을 올리는 게 당연하다. 하지만 제안 13호로 인해 세금 인상을 포함한 예산안 통과가 무산되었다.[3] 주정부 세수의 70% 이상을

---

2 1970년대 후반 부동산 가격의 과열 분위기로 재산세가 급상승하자 이에 반기를 들고, 보수적 시민단체 활동가들이 '제안 13호'를 상정했다. 재산세율을 연간 부동산 평가액의 1% 미만으로, 만약 올리더라도 연간 2%를 넘지 않게 제한했다. 이 제안은 주민투표에서 65%의 찬성으로 통과됨으로써 납세자의 반란으로 평가되기도 한다.
3 제안 13호는 세금을 인상할 때, 주의회 '재적 3분의 2 찬성'이라는 까다로운 조건을 요구하여 증세를 어렵게 하고 있다. 소수가 다수의 증세를 막고 있는 셈이다.

소수의 부에 의존했기 때문에 치솟는 부동산 가격으로 인한 재산세 수입은 주(state) 재정에서 차지하는 비중이 높아져 갔다. 그러나 2007년 이후 본격화한 부동산 거품 붕괴, 금융경기 악화 과정에서 세수 기반은 급격히 흔들렸다. 또한 세금 인상의 까다로운 조건에 예산안 통과에도 '재적 3분의 2 찬성'을 요구하는 주 헌법 조항까지 겹치면서 세금이나 예산 문제에 관한 한 의회에서 대안을 도출하지 못하게 되었다.

불가피한 교육·복지·의료 분야 예산 감축으로 …

2009년 7월 21일, 주 예산 중 교육·복지·의료 부문에서 155억 달러의 예산을 대폭 삭감하기로 합의하여, 263억 달러의 적자 가운데 예산 삭감액을 제외한 나머지 98억 달러는 산하 지방정부에서 발생하는 수입으로 메우기로 했다. 가장 큰 피해자는 공립학교와 주립대학 및 빈곤층 의료 지원 프로그램 등이었다. 주정부의 재정위기는 증세를 통한 위기극복이 아니라 예산 지출 삭감을 통한 해결이라는 점에서 이전의 교육·복지·의료 서비스 수준으로 회복하는 데 상당한 시간이 필요해 보인다. 결국 위기극복은 요원할지도 모른다.

2. 일본

일본은 두 차례에 걸쳐 지방분권 개혁을 추진하게 되는데, 1차 분권개혁은 기관위임사무의 전면 폐지를 핵심으로 하는 행정개혁[4]이었다면, 2차 개혁

---

4 우리나라의 지방분권 촉진에 관한 특별법(법률 제8865) 제10조와 유사하다.

은 '삼위일체 개혁'(국고보조부담금, 지방교부세, 세원배분 방식)에 초점을 둔 재정적 측면의 개혁이다. 그 결과 지방재정은 더욱 취약하게 되었다. 일본은 여러 차례 지방재정위기를 경험한 이래 재정위기 기준을 설정하여 관리하고 있다. 1950년대 시정촌(市町村) 합병, 긴축재정에 의한 국고보조금 감축 등 1차 위기, 1970년대 고도성장의 종식과 석유파동과 결합된 2차 재정위기, 1990년대 버블 경제 붕괴에 따른 3차 재정위기를 경험하였다. 일본은 재정위기 극복을 위해 지방채 발행, 제3섹터 등을 적극 활용하는 확대재정정책을 실시하였으나 유사 중복투자, 과당경쟁, 부적절한 사업 선정 등의 부실경영이 야기되었다. 특히, 제3차 재정위기는 대도시 재정위기가 사회적으로 쟁점이 되어 오사카부, 가나가와현, 아이치현, 도쿄도 등이 연달아 재정위기를 선언하였다(김동욱, 2009: 67).

일본의 재정관리제도는 유바리시의 파산을 기점으로 큰 변화를 맞이하게 된다. 유바리시의 파산 전에는 각 지방정부가 자주적으로 재건, 지방재정재건 촉진특별법에 따른 준용재건 중 선택하여 재건을 추진할 수 있었다. 다만 자유재건은 자체 계획에 근거하여 재정재건을 추진하기 때문에 지방채 발행만 제

표 3-3 자유재건 또는 준용재건 중 선택, 재건 추진

자유재건	준용재건
• 지방채 발행 제한 • 자체 재정재건계획 추진 • 우대조치 및 통제 없음	• 경비절감, 지출효율화 등 재정재건계획 수립 • 계획에 대한 지방의회 의결 및 중앙정부 승인 • 중앙 및 주민에 대해 계획 추진 상황 보고 • 중앙정부의 지원(일시차입금 융자 알선, 특교세 일시차입금 이자 산입, 지방채 발행 제한 해제)

재정위기 기준: 실질적자비율(도도부현 5%, 시정촌 20%)

자료: 국회예산정책처(2010), p. 35 일부 내용 변경 인용.

한되고 재정적 우대조치도 없고 정부의 통제도 없었다. 반면 준용재건은 중앙 정부에 보고 등 제반 행정상의 제약이 있지만, 재정적 우대조치가 있다.

재정위기 판단 기준

유바리시가 재정파산한 후 2009년에 〈지방공공단체의 재정건전화에 관한 법률〉이 제정되었다. 이는 자유재건과 준용재건의 한계를 바로잡고 건전재정 을 유도함과 동시에 재정위기 발생 시 조기에 재정을 건전화하기 위한 목적이 었다. 이 법은 실질적자비율, 연결실질수지비율, 실질공채비 비율, 장래부담 비율 등 네 가지 지표 중 어느 하나라도 이에 해당할 경우 조기건전화 또는 재 정재생 기준 단체로 지정하여 조치를 취해야 한다. 그 절차는 〈표 3-4〉와 같다.

표 3-4 일본의 재정위기 판단 기준

구분		정의	조기건전화 기준	재정재생 기준
재생판단비율	실질적자비율	일반회계 등(일부 특별회계 포함) 을 대상으로 한 적자비율	시정촌 11.25~15% 도도부현 3.75%	시정촌 20% 도도부현 5%
	연결실질수지비율	해당 지자체 전 회계를 대상으로 한 적자비율	시정촌 16.25~20% 도도부현 8.75%	시정촌 30% 도도부현 15%
	실질공채비 비율	일반회계 등이 부담하는 지방채 원리상환금과 준원리상환금의 비율	25%	35%
장래부담비율		일반회계 등이 장래 부담 가능성이 있는 채무비율	시정촌 350%	도도부현 400%

주: 1) 실질공채비 비율은 조합지방개발사업단에 대한 지방정부의 부담금 중 조합 등이 발행한 지방채 상환재원으로 충당되었다고 인정되는 부분을 포함.
　　2) 장래부담비율은 지방정부가 설립한 법인 등의 부채액 중 지방정부의 부담분 포함.
자료: 국회예산정책처(2010), p. 37.

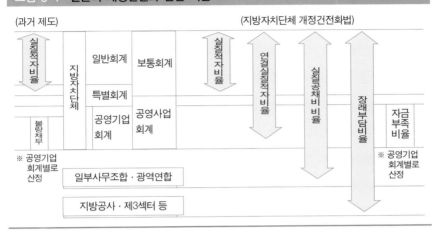

그림 3-1 일본의 재정건전화 판단 기준

(과거 제도)　　　　　　　　　　　　　　(지방자치단체 개정건전화법)

자료: 한국지방행정연구원(2011), p. 524.

오사카부

분식회계(일반회계로 적자를 메우는 방식)에서 비롯된 재정위기

　2006년 들어, 전통적 상업도시로 알려진 오사카부는 전국 47개 광역지자체 중 유일한 적자 단체에 속했다. 우리나라의 경우 광역자치단체에 해당하는 일본의 오사카부는 재정위기에 직면하여 누적된 부채 규모 5조 엔과 원리금 상환을 위해 매일 8억 엔 이상을 지출하고 있다. 오사카부는 1998년 4,950억 엔이라는 재정부족액이 발생하였고, 그후 9년 연속 재정적자를 기록했다. 이렇듯 매년 500억에서 1,000억 엔에 이르는 일반회계 재원을 전용하여 적자를 메우는 방식으로 재정적자의 심각성을 숨겨 오다가 발각되어 사실상 파산 상태에 놓이게 된다(김동욱, 2009).

지방채 발행을 통한 공공투자 확대가 재정위기로

재정위기의 가장 큰 원인은 지방채 발행을 통해 자체사업을 중심으로 하는 공공사업에 대한 투자경비의 증대이다. 그 외 인건비 증가, 거품경제 붕괴에 따른 세수 감소 등이다. 특히, 경제침체에 따른 법인세(법인 주민세와 법인사업세) 감소는 전국적인 현상이라 하지만, 오사카부가 그중에서 42.9%로 제일 높다. 지방세의 감소라는 상황 속에서 인건비의 상승과 거품경제에 형성된 대규모 사업계획을 추진하기 위하여 지방채에 의존하면서 공공사업을 계속한 것이 원인으로 작용하였다(이창균, 2000). 2008년에 새로 선출된 오사카부 지사는 좀 더 강력한 재정위기 극복정책을 펼치고 있다. 추진 중인 사업을 전면 재검토하고, 부(府) 소유 시설들의 민영화 추진, 인건비 삭감, 공무원 급여 감축, 접대비 등을 폐지할 수밖에 없었다.

> **여기서 잠깐**
>
> 일본의 도도부현(都道府県)은 우리나라의 광역자치단체에 해당되며, 도(都, 도쿄도), 도(道, 홋카이도), 부(府, 오사카부와 교토부), 현(県, 43개)을 이르는 말이다. 시정촌(市町村)은 도도부현의 하부로 우리나라의 기초지방자치단체에 해당된다. 최근 일부 도시는 행정상 별도의 정령지정도시, 중핵시, 특례시 등으로 지정되어 있다. 이 도시는 시정촌과 같이 지방자치단체의 일종이기에 포괄적 지방자치단체, 광역적 지방자치단체라고도 불린다. 우리나라의 경우에도 고양시 등에서는 특례시 지정을 진행 중에 있다.

유바리시

유명도시에서 유령도시로 전락한 유바리시

우리나라의 기초자치단체에 해당하는 '유바리시'는 석탄박물관, 영화제, 멜론, 석탄에서 관광을 지향한 지역진흥의 대표적인 도시 중 하나이다. 유바리시 재정위기의 직접적인 원인은 지방세 수입의 약 20% 정도를 차지하는 교부금인 〈산탄지역 진흥 임시교부법〉의 실효 때문에 국고보조금이 줄어든 것에 있다. 또한 인구[5]와 면적 등의 객관적 자료에 근거하는 '기준재정 수요액'의 영향으로 감소한 지방교부세 등이 또 다른 요인으로 작용하였다. 〈산탄지역 진흥 임시조치법〉에 근거한 재정지원마저 실효(2001년)되자, 관광을 통한 지역 진흥을 대안으로 설정하였다. 〈산탄지역 진흥 임시조치법〉에 근거한 재정지원과 관광투자를 위해 중앙정부와 홋카이도로부터 재정원조를 동시에 받았다.[6] '석탄역사촌'을 시작으로 스키장, 리조트 개발 등을 착수하였으나 1990년에 발표된 중앙정부의 국토계획에서 유바리시의 리조트 개발에 대한 지원이 무산되자 중앙정부에만 의존하던 유바리시의 계획은 사실상 중단되었다. 무리한 사업 확장 때문에 기채제한비율마저 20%를 넘어 기채 발행까지 제한되었다.

다른 한편으로, 취약한 경제기반과 관광사업 등 경영실패와 기채제한으로 인한 지방채 발행 제한이 원인이다. 지방채 발행마저 곤란해지자 금융기관에서 차입해 이를 다시 각 사업회계에 빌려주는 형식을 취해 적자를 은폐한 것이다. 매년 실질수지 적자에도 불구하고 오랜 기간 관행적으로 연말(회계연도) 일시차입금을 이용하여 자금 부족분을 메우는 수법으로 결산수지에서 적자가

---

5 2018년 말 현재 8,212명의 인구(2002년 9월에 14,700명, 재정재건 당시 2007년 약 12,600명)로 급격한 감소 추세에 있다.
6 우리나라의 경우 일명 신성장동력이라 불리는 서비스산업 선진화 방안, 민간투자사업(B시), 스키장, 대형 리조트, 서울시의 지방재정 조기집행 등 중앙정부의 보조금 지원은 일본과 유사하다. 즉, 입지에서부터 운영까지 각종 보조금 혜택이 주어진다. 또한 관광지 개발 과정의 주요 규제는 규제개혁이라는 미명하에 의제화되었고, 지역축제들의 난립은 규모경쟁만을 촉발시켰는데, 이는 다름 아닌 중앙정부의 정책이었다. 일본이 실패한 과오를 그대로 이어가는 것 같아 상당한 우려가 된다.

나타나지 않도록 은폐해 왔다.[7] 이러한 은폐에는 재정분석제도, 의회, 내부고발, 외부감사 등의 제반 장치들이 있었음에도 어떻게 이런 편법이 통용되었을까? 시장의 장기 집권에 따른 도덕적 해이는 물론 지방정부, 의회, 시민 중에서 그 당시 문제를 지적하거나 경종을 울린 주체가 없었다는 점이다.

"중앙정부가 책임져 주겠지"와 "채무 돌려막기"가 재정위기의 원인

석탄사업에서 일본을 대표하는 탄광지로 전성기를 구가하던 유바리시가 석탄사업의 구조 변화에 대응하기보다는 중앙정부에 의존하여 지속적인 사업을 추진하는 가운데 중앙정부의 삼위일체 개혁 등이 시작되자 중앙정부가 모든 것을 책임져 주겠지 하는 안일함이 통하지 않게 된다. 유바리시는 연성예산 제약을 분식회계를 통해 채무를 돌려 막으면서 재정이 건실한 것처럼 왜곡하였지만, 특별회계와 지방공사, 시가 출자한 회사 등을 이용해 채무를 돌려 막는 데 실패하여 결국 파산하고야 만다.

시사점

중앙정부의 관대한 재정보전이 문제

우리 지방정부는 중앙정부 재원에 대한 의존도가 훨씬 높고, 지방정부가 세목과 세율을 자율적으로 결정할 권한이 없다. 예산은 경상예산과 자본예산을 구분하여 편성하지 않고, 경상예산의 수지균형을 요구하는 법령도 미비하

---

7 行方久生(2007), 《夕張市性質別歲出內譯推移》, p. 7을 참고하라. 또한 채무 돌려막기에 관한 세부적인 자료는 《財務處理手法》, p. 5를 참고하라.

다. 지방채 발행의 총액한도제가 도입되었지만, 중앙정부의 관대한 재정보전 (교부금 등)으로 지방정부가 굳이 지방채를 발행하여 사회간접자본을 마련할 필요가 없다. 그러다 보니, 미국처럼 시장규율에 따른 지방채 시장이 활성화되어 있지 않고, 자본지출을 위한 금융조달 자체도 쉽지 않다.

책임성 강화를 위한 새로운 제도설계가 필요한 시점

현행 중앙집권적인 재정 시스템하에서는 지자체의 재정지출 책임성을 높이고 도덕적 해이를 방지하는 것이 어렵다. 향후 지방정부의 재정파탄을 방지하고, 재정재건을 도모하며 궁극적으로 재정책임성과 재정건전성을 향상시키기 위해서는 지금까지와는 다른 새로운 제도설계가 필요한 시점에 이르렀다. 중앙정부 주도의 지방정부 재정운영이 실제로는 지방재정 규율을 약화시킨 주된 요인이라 할 수 있다. 즉, 지방교부세제도나 보조금에 의한 국가의 심한 지방재정 관여가 사실상 지방정부의 비효율적인 재정운영을 조장하고 재정위기를 초래하는 배경으로 작용했다고 볼 수 있다. 더불어 지방자치법에는 고려되어 있지 않은 지방정부에 별도의 재량권을 허가하여 각종 지방공사나 지방공단 등이 특별회계 아래에 엄청난 채무를 축적하게 하여 지방재정 건전성을 악화시키는 데에도 국가의 정책이 한몫을 했다. 급증하는 지방정부의 채무 문제를 해결하고 지방재정 규율을 유지해 나가기 위해서는 중앙정부에 의한 통제가 아니고 지방주민과 시장 규율에 의한 거버넌스 체계를 구축해야 한다. 이러한 관점에서 볼 때 미국식 파산제도를 도입하여 일정한 조건으로 지방정부를 보호하며, 그 보호하에 지방정부가 안고 있는 채무의 조정을 통해 시장의 거버넌스에 의한 재정책임성과 재정규율 유지를 진행시켜 나가는 방안을 신중히 고려할 시점에 이르렀다.

자율규제기능 확대 필요

국내에서도 1998년부터 지방재정위기 발생에 대비하여 지방정부의 재정 상황에 대한 평가 및 공개, 심층진단을 통한 재정건전화 계획의 권고 등을 담은 〈지방재정분석·진단제도〉가 운용되고 있고, 재정위기 조기경보 시스템이 작동되고 있음에도 재정위기 자치단체에 대한 재정건전화 조치의 실효성 측면에서 많이 미흡하다. 따라서 실제적으로 재정위기를 사전에 파악할 수 있는 조기경보 시스템의 개선과 급증하는 지방정부의 채무 문제를 해결해야 한다. 향후 지방정부에 재원을 이양하는 대신에, 지방채 발행 시 주민승인제도의 도입, 재정위기 조기경보 시스템의 개선, 및 파산제도의 도입 등을 통한 시장 거버넌스와 지방재정 민주화 조치 등을 실행하여 재정의 효율성, 책임성, 자기규율(self-discipline)기능을 향상해 나가는 방안에 대한 깊은 연구가 필요한 시점이라 하겠다.

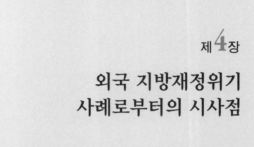

제4장

외국 지방재정위기
사례로부터의 시사점

제**4**장

외국 지방재정위기 사례로부터의 시사점

과연 우리나라의 지방정부가 재정위기 상태인가? 지방재정의 위기에 관해서는 지방자치가 시행되던 해인 1991년에도 언급되었고, 지금도 여전히 논의되고 있는 실정이다. 다만 전자의 경우 국세와 지방세의 비율이 낮아 자주재원이 부족하다는 점에서 논의되었고, 지금은 재정 부족으로 인한 재정위기 상태라는 점에서 차이가 있다(전상경, 2011). 하지만 보편적인 시각에서는 재정위기나 재정파산은 부정되고 있는 것이 사실이다. 그렇다고 재정위기가 전면 부정되는 것은 아니다.

도덕적 해이에서 비롯된 재정위기

성남시의 채무지급 유예선언의 근본적인 이유는 무리한 선심성 공약사업의 추진과 직결된다. 특히, 불요불급한 호화 청사를 건립하는 것과 연결되어 특별회계에서 빌려온 일반회계를 갚지 못해 일어난 사건이다. 일부에서는 우리나라의 경우 재정구조 덕분에 파산이 발생할 수 없다는 시각도 존재한다. 하지만 외국의 재정위기 사례와 연계하여 보면 반면교사로 삼아야 할 때인 듯하다. 또 한가지 생각해 보아야 할 점은 재정위기와 도덕적 해이는 무관하지 않다는 것이다.

1. 연성예산제약, 보조금과 교부세의 개혁(중앙 의존)

연성예산제약이란 예산제약이 지출제약으로 연결되지 못하는 것을 의미한다. 우리나라는 중앙의존적 재정구조로 중앙정부가 끝까지 책임져 주겠지 하는 안일한 생각에서 해당 지방정부는 자신의 재정력을 고려하지 않고 무리하게 사업을 추진하게 된다. 그 결과 재정위기에 봉착할 가능성이 크다. 재정파산을 경험한 유바리시 시장의 생각이 전형적인 연성예산제약이다.

"지방정부에 파산이란 없다. 차입금을 아무리 많이 갖다 써도 결국 국가가 책임진다."

지방정부의 지대추구가 근본 문제이다

우리나라도 이와 별반 다르지 않다. 사실상 재정위기 단체로 지정되어야 마땅한 인천광역시의 경우, 각종 개발사업, 아시안 게임 등을 추진하였고, 강원도의 경우 동계 올림픽을 추진할 때 중앙정부가 책임져 주겠지 하는 생각은 전형적인 연성예산제약이었다. 알펜시아로 인하여 하루 1억 3천만 원에 달하는 이자비용이 들어가고 있고, 2018년 평창 동계 올림픽의 후유증으로 엄청난 비용이 낭비되고 있다. 결국, 지방정부가 대규모 국제축제를 벌려 놓고 부족한 재원은 중앙정부로부터 지원만 받으면 된다는 안이한 사고에서 비롯된 것이다. 이는 자치단체장의 지대추구(재선)와 무관하지 않다.

　재정위기를 경험한 뉴욕시, 오렌지 카운티, 오사카부, 유바리시는 이를 극복하기 위해 공무원의 보수 감축, 공공서비스의 삭감 또는 사용료 인상을 대안으로 쓸 수밖에 없었다. 재정위기 단체로 전락하면 최대의 피해자는 지역주민이지만 외국의 사례를 살펴볼 때 공무원 또한 예외가 아니라는 점을 명심해야 한다.

　국고보조금과 교부세의 개혁이 면밀하게 검토되어야 한다. 일본은 재정개혁의 일환으로 삼위일체 개혁을 단행한 바 있는데, 우리나라도 이를 준용할 필요성이 있을 것 같다. 지방정부의 현실은 재정여건이 아무리 열악한 단체더라도 지방교부세를 통해 재정보전이 되기 때문에 구태여 세수 증대를 위한 자구 노력을 할 유인이 적다. 속된 말로 중앙정부가 다 알아서 해주는데 애써 징수비용을 들여 가면서까지 세수 증대를 위한 노력을 할 필요가 없다는 것이다.

연성예산제약에서 벗어나야 …

　일각에서는 일본의 삼위일체 개혁방식을 도입할 경우 지방재정력 격차가 더욱 커질 것이라는 예측을 하여 진전을 보이지 못하고 있는데, 일본의 경우 재정력 격차가 크지 않았다는 점을 상기할 필요가 있다. 따라서 보조금과 교부세의 개혁이 단행되어야 할 것이다. 그것이 바로 연성예산제약에서 벗어나는 유일한 길이다. 우리나라의 경우 재정분권과 궤를 같이하면서 재정개혁을 추진해야 할 것이다. 아무리 좋은 제도가 도입된다고 한들 제한적일 수밖에 없다. 그 예가 바로 재정위기 사전경보 시스템이다. 정부에서는 제도를 도입하였다고 안주할 것이 아니라 제도의 합목적성 여부를 검증해야 할 것이다. 이제는 달라져야 한다.

2. 무리한 선심성 사업 추진(공약사업 등)

오렌지 카운티는 재정 확충을 목적으로 위험한 파생상품에 투자했다가 결국은 재정파산을 초래하였다. 이는 지나친 기업가 정신에서 초래된 결과이다. 유바리시의 경우도 이와 마찬가지인데 민간기업이 운영하다 실패한 사업들을 제3섹터 방식으로 운영하였고, 지방정부의 파산은 없고 중앙정부가 책임져 주겠지 하는 안일한 사고로 인해 결국 재정파탄을 경험하게 된다.

우리나라도 외국의 사례와 같이 최근 공공사업의 한계를 염두에 두지 않아 재정위기 상태에 봉착한 사례들이 많다. 이러한 사업은 대부분 지방자치단체장의 공약사업과 관련이 된다. 예컨대, 알펜시아, 오투리조트 등이 여기에 해당한다. 또한 2008년 이후 각 지방정부가 면밀한 검토 없이 각종 개발사업에 참여하게 되는데, 투자금마저 회수하기 어려운 실정에 있다. 예컨대, 전남의 F1 경기장이나 여수 엑스포 시설의 경우도 심각한 재정압박 상태에 놓이게 되었다.

보조금사업이면 무조건 추진하고 본다

이렇듯 지방정부에서 문화·체육 등의 대규모 행사를 추진하게 되는 배경은 중앙정부의 보조금 배분과 직결된다. 특히, 문화·체육의 경우 흔히 말하는 보조금 배분 0순위이기 때문에 지방자치단체장으로서는 후일의 재정압박은 문제삼지 않는다. 왜냐하면 우선 무엇인가를 건립하고 행사를 치르는 것이 재선을 향한 투표 극대화에 도움이 되면 되기 때문이다. 재정의 책임성 여부를 묻지 않는 것이 여전히 한계이다(정성호, 2019).

3. 민간투자사업의 무분별한 이용

흥미로운 사실 중의 하나는 지방정부의 부채 제로(0)이다. 이미 알고 있는 바와 같이 전남 강진군·완도군, 경남 하동군이 바로 그 예이다. 이들 지방정부는 부채 제로에 관해 대대적인 홍보를 하고 있다. 특히, 전남 완도군은 우수 재정운영 지자체 1호에 선정되었지만, 사실을 들여다보면 민간투자사업(BTO)으로 사업을 시행하여 2010년 총 154억 원의 잠재적 부채가 있음을 알 수 있다. 부채를 정확하게 파악하려면 금융성 채무와 적자성 채무를 함께 보아야 한다.

민간투자사업의 경우 중앙정부에서 추진되는 사업이 많다. 최근 각 지방정부에서 벌어지고 있는 하수관거사업이 바로 그 예에 해당한다. 이렇듯 중앙정부의 정책과 연계하여 민간투자사업이 수행되기도 하지만 일부의 경우 지방정부가 독자적으로 수행하기도 한다. 무분별한 민간투자사업 확대의 근본적인 원인은 지방정부의 부채로 인식되지 않고, 지방자치단체장이 예산외 사업으로 마음만 먹으면 추진할 수 있기 때문에 지속적으로 확대될 소지가 크다.

부채로 인식되지 않는 민간투자사업

천안시의 경우 2012년 예산 대비 채무비율이 25%에 근접하고 있는데, BTL 사업으로 인한 부채가 2,647억 원으로 사실상 일반채무에 버금가는 현실이다. 문제는 적정임대료 등이 정확히 계산되지 않아 재정사업으로 추진하는 것보다 훨씬 더 많은 금액이 지출되어 재정낭비의 온상이 되었다. 따라서 민간투자사업에 관한 정확한 부채의 인식이 필요함과 동시에 관리가 되어야 마땅하다.

4. 공기업(출자·출연기관 포함)으로 부채전가 및 부실경영

지방정부의 또 다른 재정위기의 주범은 공기업과 출자·출연기관 등이다. 특히, 공기업은 공공성과 기업성을 동시에 지녀야 한다. 즉, 공기업은 공공성과 기업성을 담보하기 위한 실체임에도 기업성은 차치하고서라도 공공성마저 담보하지 못한 경우가 있다. 그 예가 인천의 은하모노레일 등인데, 이는 궁극적으로 지방자치단체장의 도덕적 해이와 직결된다. 오래전 은하모노레일(월미은하레일, 레일바이크-모노레일, 현재는 월미바다열차로 명명)은 철거를 고민하다가 그 오명을 벗기 위해 재차 운영에 돌입했으나 또 멈추고 말았다. 일부 미디어에 의하면 남은 건 흉물뿐이고, 1,000억 원의 빚만 남겼다는 평가를 받고 있다. 인천광역시는 재정사업으로 시행하여야 할 제반 사업들을 인천도시공사로 전가했다. 강원도의 경우에도 강원도개발공사로 하여금 알펜시아 건설을 추진하게 하여 부채 규모가 한계를 초과하게 되었다. 이러한 사례는 철저한 원인규명이 필요한 사안임에 틀림없다.

결국 지방공기업의 재정부실이 가시화되면 지방정부의 자본금으로 메워 주어야 하므로, 건전재정을 위협하는 잠재적 요인으로 작용하고 최대의 피해는 주민이 받게 됨을 상기해야 한다.

법만 만들면 관리가 되나?

사회적으로 이슈화된 출자·출연기관의 부실경영으로 인한 재정낭비는 심각한 문제이다. 출자·출연기관이 지방자치단체장의 전유물이 되어서는 안 된다. 이를 규제하기 위해 당시 안전행정부는 출자·출연기관 관리에 관한 법률을 마련했다. 법체계가 구비되었음에도 불구하고 출자·출연기관의 체계적 관리는 요원한 것으로 판단된다. 이와 관련하여서는 일본이나 영국 등 외국의 다양한 개선 노력을 반면교사 삼아야 할 것이다. 일본은 출자·출연기관의 부실을 막기 위해 외곽기관 등을 정비한 바 있다.

5. 지방채 발행의 악용

1975년 재정위기를 경험한 뉴욕시는 경상회계의 재정적자를 보전하기 위해 차입을 함으로써 재정위기의 빌미를 제공하였고, 유바리시의 경우에도 공영개발을 위해 차입이 재정위기의 근본적인 원인으로 작용하였다. 과거 부산광역시의 경우에도 인건비 충당을 위한 지방채를 발행하였는데, 이는 아주 위험한 발상이며 반드시 근절되어야만 한다. 즉, 지방채 발행은 자본적 지출에 한정되어야 한다.

더욱 큰 문제는 지방채 발행한도제의 한계에 기인한다. 지방채 발행한도액은 지방정부의 재정 상황과 채무 규모를 종합적으로 고려하여 전전년도의 예산액의 100분의 10 범위 내에서 발행할 수 있다. 다만 지방의회의 의결을 거쳐 지방채를 발행할 수 있고, 만약 한도액을 초과해서 발행할 경우 행정안전부의 승인을 얻은 금액범위 안에서 지방의회의 의결을 거쳐 지방채를 발행할 수 있다.

　지방채 발행 한도를 초과한 지방정부가 많은데 그 원인은 지방채 발행 예외조항을 많이 인정하고 있기 때문이다. 흥미롭게도 광역시·도 중심으로 지방채 발행 한도를 넘어 초과발행하고 있다. 구체적으로 2006년부터 2009년까지 4년간 매년 초과발행한 광역시·도 지방정부는 부산, 대구, 광주, 대전이고, 같은 기간 중 울산은 3회, 인천은 2회, 서울이 1회 초과 발행하였다(서정섭·신두섭, 2010). 인건비 지출을 위한 지방채 발행이나 지방채 발행 한도를 넘어 지속적인 초과발행을 제어하기 위한 시스템의 개선과 아울러 경종을 울릴 필요성이 제기된다고 하겠다.

제2부 무엇이 문제인가?

제5장

연성예산제약의 늪

제**5**장

연성예산제약의 늪

- 누구의 잘못이 더 클까?

중앙정부 (only) ≥ **지방정부**
제도상 문제   제도 악용

지방재정위기의 근본원인은 연성예산제약에서 비롯된다. 중앙정부가 알아서 해주겠지(재정지원)라는 인식이 팽배해져 지방재정을 궁핍하게 만드는 것이다. 그러다 보니 책임성은 물론 자율성은 내팽개친 것이다. 지방정부가 책임성은 물론 자율성을 갖고 재정을 운영하려면 무엇보다 연성예산제약에서 탈피해야 한다. 지금까지 추진되었던 사례를 살펴보자. 과거와 크게 다르지 않은 국세와 지방세의 비율 조정(6:4로 개편), 지방소비세 확충 등의 대안은 연성예산제약에서 벗어나지 못한다. 임시방편적 처방에 불과하다. 근본적으로 지방정부의 책임성과 자율성을 강화하기 위해서는 지방자치 형태를 재정자립도에 따라 구분할 필요가 있다.

재정 여건에 맞는 재정분권 추진 필요

재정자립도가 50% 이상인 지방정부는 온전한 지방자치를 실시하게 하고, 재정자립도가 30% 이하인 지방정부는 제한적 지방자치를 실시하게 하는 것이다. 예를 들어, 50% 이상 지방정부는 세입분권은 물론 세출분권까지 병행하자는 것이다. 즉, 지방정부가 세입과 세출에 관한 전반적인 권한을 가지되(자율), 책임을 물어야 한다. 서울 및 경기도 일부 시와 자치구(교부세 불교부단체)는 충분한 세수가 확보되기 때문에 온전한 재정분권이 가능하다. 다만 현재 재정자립도 50% 이상인 지방정부는 온전한 재정분권을 구현하기 위해, 우선 이들 개별 지방정부의 교부세 규모는 전년도 교부세 규모에 비례하여 할당해 줄 필요가 있다(지방교부세는 3년에 한 번 산정하되, 늘어나는 교부세 비율만큼 자동 할당). 아울러 국세와 지방세 조정 등으로 인한 세수 편익은 개별 지방정부에 귀속시켜야 한다. 궁극적으로 중앙편중적 재정구조에서 벗어난 최소한의 지방자치가 구현될 수 있도록 하는 것이다. 이들 지방정부의 현 재정 여건을 고려해 볼 때 아직은 넘어야 할 고개가 많지만 어찌하든 지방자치의 과정으로 여겨진다.

한편, 재정자립도가 30% 이하인 지방정부는 세입분권은 유지하되(어차피 세수 규모가 적음), 세출집권(세출규제)을 하자는 것이다. 이들 개별 지방정부는 현재와 동일하게 전년도 교부세 규모에 비례하여 할당해 주되(50% 이상인 지방정부와 동일), 불필요한 사업 추진을 엄격히 통제할 필요가 있다. 즉, 재정분권을 외치면서 여전히 과거 지향적 집권구조에 머물러 있을 것이 아니라 중앙과 지방정부가 같이 노력하여 연성예산제약에서 과감히 탈피해야 한다. 연성예산제약에서 탈피하지 못하면 집권적 문화가 지속된다.

기능 및 사무 배분 다시 해야

먼저 중앙집권형 기능 및 사무에서 과감히 탈피(자치사무 구분)할 필요가 있다. 우선 기능 및 사무의 중복을 제거해야 한다. 중앙정부와 지방정부, 지방정부 중에서도 광역과 기초 사이의 기능을 조정하여 중복과 비효율을 줄여 나가야 한다. 예컨대, 일자리 사업의 경우, 중앙-광역-기초가 동일한 사업(일자리 사업, 중앙정부 사업의 지방비 매칭)을 수행하는 것이 타당한지 면밀히 검토할 필요가 있다. 아울러 정부 체계의 개편이 함께 고려되어야 유의미한 결과를 얻을 수 있다. 일반지방재정과 교육재정의 통합을 시작으로, 규모의 경제를 지향한 광역형 지방자치단체로의 통합과 그에 따른 중앙-지방(광역, 기초) 사무를 전면 재검토해야 한다. 이후로도 중복 기능과 비효율성 배제, 국가 및 개별 자치단체의 보조금 축소 등 일련의 과정을 거쳐야 의미 있는 재정분권을 완성할 수 있다(정성호, 2018).

지방정부 경계 다시 획정할 필요

우리는 과거 조선시대부터 이어져 내려오는 경계(산과 강)를 토대로 획정된 243개 지방정부를 유지하고 있다. 243개에 달하는 지방정부를 유지하는 것이 바람직한지 검토할 필요가 있다. 현재는 중앙정부와 지방자치단체(광역, 기초)의 기능(사무)이 크게 다르지 않다. 좀 과장하면 1개의 국가와 243개의 지방자치단체를 합쳐 244개 정부를 운영하는 꼴이다. 이처럼 지방자치단체 간 사무 중복이 개선되지 않은 구조에서는 지속 가능한 재정운영을 할 수도 없고 인구소멸도 대비할 수 없다. 광역형 거점도시(50여 개)로 개편이 필요하다는 주장에 귀를 기울여야 한다.

저출산 고령화에 대비한 재정운영 필요

아울러 저출산·고령화로 인한 인구소멸, 학령인구 감소에 따른 교육재정 운영 등에서 적절한 대안 모색이 필요하다. 저출산 고령화로 인해 머지않아 없어질 지방자치단체에 막대한 재정을 투자하는 것은 비현실적이다. 또한 인구소멸과 학령인구 감소에 부합하는 효율적 재정지출 대안을 제시해야 한다.

앞으로 인구가 감소하면 학령인구도 당연히 감소할 수밖에 없다. 그런데 학령인구 감소에도 불구하고, 최근까지 내국세가 꾸준히 상승하여 지방교육재정교부금은 지속적으로 늘어났다. 게다가 교육 분야에서는 여전히 재정이 부족하다고 아우성이다. 과연 현실이 그러한가? 지방교육청과 일선학교를 방문해 보면 사실이 아니라는 것을 알 수 있다. 저속하게 표현하면 '쓸 데가 없어 고민'인 곳이 더 많다. 한국은 OECD 어느 국가와 비교해도 교육비 지출이 낮지 않다. 핵심은 '재원을 제대로 쓸 방안'을 찾는 것이다. 학령인구 감소에 따른 교육재원도 조정이 필요하다(정성호, 2018).

교육재정과 지방재정의 통합 시급

책임성을 전제한 교육자치는 필연적이다. 지방정부보다 오히려 연성예산 제약이 심각한 것은 교육재정 분야이다. 자율성만 있고 책임성은 없는 교육자치만을 주장해서는 안 된다. 교육분야는 지방자치단체의 고유기능인 만큼 지방재정과 교육재정의 통합은 필연적이다. 지방정부와 별개로 운영되는 17개 교육청은 지방정부와 통합운영되어야 한다. 그래야만 진정한 의미의 재정분권이 완성된다. 교육재정 운영에 있어 책임성은 없고 자율성만 늘어난 구조는 하루빨리 개선되어야 한다(정성호, 2018).

표 5-1 학생 수, 교육지원청 수(2016년 기준)

(단위: 명, 100만 원)

구분	학생 수	(2015년 대비)	교육 지원청	직속기관	학교 수	총공무원 정원	학교배치정원 (본청 등)	학교배치정원 (학교)	집행액
계	6,533,322		174	222	20,732	66,241	23,781	42,460	3,549,155
서울	1,074,499	(-41,685)	11	29	2,227	7,321	2,568	4,753	418,588
부산	392,557	(-10,742)	5	19	1,054	3,692	1,364	2,328	205,545
대구	332,006	(-9,648)	4	17	827	2,637	1,081	1,556	149,111
인천	381,124	(-6,944)	5	16	956	3,267	1,173	2,094	174,330
광주	229,372	(-6,534)	2	11	640	1,770	843	927	82,579
대전	217,761	(-9,375)	2	8	574	1,870	733	1,137	103,851
울산	165,853	(-5,365)	2	10	438	1,667	699	968	88,659
세종	36,770	(8,296)	0	1	114	649	326	323	29,978
경기	1,751,798	(-33,077)	25	19	4,624	12,382	3,599	8,783	629,353
강원	193,373	(-4,791)	17	14	1,052	3,911	1,521	2,390	180,435
충북	205,960	(-3,178)	10	12	840	3,150	1,248	1,902	175,725
충남	277,845	(-3,112)	14	12	1,239	4,085	1,470	2,615	223,157
경북	329,626	(-8,057)	23	10	1,708	5,287	1,938	3,349	278,183
경남	456,904	(-9,848)	18	19	1,676	5,539	1,870	3,669	296,299
전북	252,892	(-4,951)	14	12	1,308	4,082	1,528	2,554	229,153
전남	234,982	(-7,134)	22	13	1,455	4,932	1,820	3,112	284,209

자료: 정성호(2018),《대한민국 재정정책 70년사》.

제**6**장

단체장의 개발사업 투자가
부채로

제**6**장

단체장의 개발사업 투자가 부채로

▪ 누구의 잘못이 더 클까?

중앙정부	<	**지방정부**
지역구 국회의원		단체장 선거용

개발사업으로 인해 지방정부의 "자산이 늘어났지만 부채도 동시에 늘어난다." 이는 지자체장과 지역구 국회의원의 합작품일 가능성이 높으며 선거용에 불과한 경우가 많다.

우리나라는 지방자치가 중단된 지 30여 년 만인 1991년에 지방의회 의원선거를 통해 부분적으로 지방자치가 부활하였다. 이어 1995년 6월에 지방자치단체장과 지방의회 의원선거를 통합한 주민투표를 통해 선출함으로써 온전한 지방자치 시대를 맞이하게 되었다. 그 이후 지방정부의 재정분권 요구가 지속적으로 제기되고 있음에도 정부는 여전히 중앙편중적 재정구조를 유지하고 있다. 지방자치의 도입에 따른 지방재정 수요는 지속적으로 증가하고 있으며, 지방자치의 활성화는 재정지출구조의 변화도 필요하다.

복지사업에 투자할 것인가, 개발사업에 투자할 것인가에 관한 논의는 여전히 딜레마 중의 하나다. 자치단체장들은 재선을 위하여 지역개발비에 투자하기보다는 복지 지출에 비중을 늘릴 수도 있고, 지역개발비의 비중은 늘리고 복지 지출은 줄일 수도 있다. 일반적으로 지방자치단체장의 의지에 따라 사업분야가 극명한 차이를 보인다. 전 서울시장은 '한강 르네상스'라 불리는 개발사업에 엄청난 금액을 투자하였던 반면, 보궐선거에 당선된 현 시장은 복지사업에 치중하고 있다. 이러한 현상은 타 지방정부에서도 거의 유사한 형태를 보이고 있다. 이렇듯 자치단체장의 의지에 따라 복지사업에 투자할 것인가, 지역개발사업에 투자할 것인가는 달리 적용된다. 유형자산 중 사회기반시설(도로 등)과 일반유형자산(청사 등)은 지역개발에 해당할 것이며, 주민편의시설(도서관 등)은 일반적으로 복지시설에 가깝다고 할 수 있다.

과거 대중매체를 통해 지방정부의 분식회계를 비롯한 도덕적 해이와 무분별한 호화 청사 건립 등 지방재정위기 가능성에 관한 부정적 소식을 접한적이 있다. 지방자치가 활성화되고 있는 시점에서 지방자치단체장의 선심성 지출과 치적쌓기 행태는 재정건전성에 부정적 영향을 주고 있다. 취약한 재정구조를 지닌 지방정부는 효율적인 재정운영이 필수적인데, 방만하고 비효율적인 경영의 이면에 부채로 이어질 개연성이 상당히 크다. 총체적인 부채의 증가는 자치단체장의 임기 동안은 치명적인 결과로 나타나지 않기 때문에 사실상 무방비 상태에 있다고 할 수 있다.

급격한 환경변화는 그 어느 때보다도 지방정부의 행정수요를 크게 증가시키고 있는 만큼 유형자산 투자는 지속적해서 증가할 수밖에 없으므로 경제적 요인이 뒷받침된 정치·행정 등 사회적 요인이 더욱 중시된다. 즉, 새로운 환경변화에 적극적으로 대응하기 위한 지방정부 역할의 새로운 모색과 행정

역량의 강화가 중요한 시점이라 할 수 있다.

무리한 개발사업 투자가 부채로 이어진다.

무분별하게 건설되는 호화청사, 주민편의시설 및 사회기반시설 등 무리한 사업투자는 총체적 부채 증가로 이어질 개연성이 크다. 부채는 관리되어야 마땅하다는 규범적 접근에 치중하고 있을 뿐 이에 대한 명쾌한 해답을 제공해 주지 못하고 있다.

> **여기서 잠깐**
>
> 유형자산 투자는 우리가 흔히 알고 있는 자산의 투자 개념이 아니다. 지방정부에서는 청사 및 도서관 등을 짓거나, 도로 등을 건설하는 것을 의미한다.

논의의 출발은 일반유형자산, 주민편의시설, 사회기반시설 투자로 구성된 유형자산 투자 중 어느 요인이 부채에 더 많은 영향을 미치고 있는가를 분석하고자 한다. 이를 위해 더 종합적인 시각에서 분석하기 위해 243개 지방정부[1]는 특·광역시·도, 시, 군, 자치구로 구분[2]하여 유형자산의 투자효과를 제시한다. 자산은 유동자산, 비유동자산(투자자산, 일반유형자산, 주민편의시설, 사회기반시설)으로 구성된다. 다만 자치단체별로 차이는 있지만, 유동자산과 투자자산의 규모는 20% 내외로 집계되고, 일반유형자산, 주민편의시설과 사회기반

---

1 우리나라 지방정부 중 제주특별자치도 산하 제주시와 서귀포시와 통합된 창원시(진해시와 마산시 통합)는 제외하여 실제 분석 대상은 243개 지방정부이다.
2 자치단체 유형은 특·광역시·도, 시, 군, 자치구 등 4개 유형으로 구분하였다. 특·광역시·도는 서울특별시, 부산광역시, 경기도 등 16개 자치단체이다. 시의 경우 수원시, 성남시 등 72개 시이다. 군의 경우 연천군 등 86개 군이다. 자치구의 경우 서울특별시 종로구, 중구 등 69개 자치구이다.

시설의 규모는 80%를 차지하고 있다. 즉, 대부분 현금화가 제한되는 유형의 투자이며, 유형자산과 투자자산이 부채에 영향을 미칠 개연성은 부정할 수 없다. 다만 공약사업과 무분별 사업의 추진이 유형자산과 더 큰 연관성이 있을 것이다.

유형자산은 그 실질적인 사용목적에 따라 일반유형자산, 주민편의시설, 사회기반시설로 구분된다(행정안전부, 2010). 동일한 성질의 건물이라도 그 사용목적이 청사용이면 일반유형자산으로, 공원 부속시설일 때는 주민편의시설로, 댐 부속시설인 경우에는 사회기반시설로 구분한다. 일반유형자산은 1년 이상 공공서비스 제공을 위해 반복적 또는 계속 사용되는 자산으로 정의한다. 일반적으로 토지, 입목, 건물, 구축물, 기계장치, 차량운반구, 집기비품, 기타 일반유형자산과 건설중인 일반유형자산을 포함한다. 주민편의시설은 주민 편의를 위하여 1년 이상 반복적 또는 계속 사용되는 자산으로 정의한다. 일반적으로 지역주민이 공동으로 이용하는 편의시설로서 도서관, 주차장, 공원, 박물관, 동물원 등 주민의 생활에 밀접한 관련이 있는 공동시설을 포함한다. 사회기반시설은 초기에 대규모의 투자가 소요되며 파급효과가 장기간에 걸쳐서 나타나는 지역사회의 기반 자산으로 정의한다. 일반적으로 도로, 도시철도, 상수도시설, 수질정화시설, 하천부속시설, 폐기물처리시설, 재활용시설, 농수산기반시설, 댐, 항만시설, 기타 사회기반시설, 건설 중인 기타 사회기반시설을 포함한다.

무리한 개발사업이 총부채(유동부채, 장기차입부채, 기타 비유동부채) 증가로 …
총부채는 지방정부 통합회계의 부채로 유동부채, 장기차입부채, 그리고 기타 비유동부채를 합한 금액이다. 지방정부의 무분별한 개발사업 등의 이유로 유형자산과 총부채의 유의미한 관계를 유추할 수 있다. 특히, 자치단체장과 지방의원들은 궁극적으로 재선 확률을 높이기 위한 유인이 내재되어 있는 주체적 행위자임을 부인할 수 없다. 즉, 지방자치단체장들은 재선을 목적으로 테마성 유형자산에 투자할 개연성이 상당히 크다. 그로 인해 지방정부의 부채 규모는 늘어날 수밖에 없다.

대부분 지방정부에서 유형자산의 투자(특히, 지방정부의 대규모 청사의 건립, SOC 건설, 행사·축제 개최 등에 따른 재원조달, 사회복지 수요 증가)는 지방정부의 총부채를 증가시키는 요인으로 작용하고 있다. 인천광역시, 시흥시, 그리고 태백시를 그 예로 들 수 있다. 세간의 화제가 되었던 성남시의 파산선언은 대규모 시설투자를 요하는 판교특별회계와 연관된다. 일반적으로 지방정부의 대규모 시설투자, 사회기반시설 투자, 그리고 주민편의시설에 대한 투자는 지방정부의 유형자산을 증가시키는 요인으로 작용하고, 이러한 유형자산의 투자는 결국 부채로 이어질 개연성이 크다.

유형자산과 총부채 간 실증분석 결과, 자치구를 제외한 전체 지방정부의 모형에서 사회기반시설 투자가 증가할수록 총부채가 증가하고 있다. 특히, 특·광역시·도의 증가율이 가장 높다. 이는 특·광역시·도를 중심으로 재정배분이 이루어지기 때문이라고 판단한다. 대부분 지방정부에서 유형자산 투자는 단기차입금, 단기예수금, 유동성 장기차입부채 및 기타 유동부채로 구성된 유동부채에 영향을 미친다고 유추할 수 있다. 왜냐하면 단기차입금과 유동성 장기차입부채를 파악함으로써 지방정부의 부채를 정확히 파악할 수 있기 때문이다. 지방자치단체장들은 단기차입금을 통한 부채 증가보다는 장기차입부채를 선호할 개연성이 클 것이다. 유동성 장기차입부채는 장기차입부채 중 기간이 경과하여 1년 이내에 만기가 되는 부채이기 때문에 지방정부의 도덕적 해이에서 비롯된 일시차입금 등 분식회계가 아닌 한 장기차입부채보다 규모가 작을 것이라는 판단이 가능하다.

무리한 개발사업 투자가 유동부채 증가로

유형자산과 유동부채 간 실증분석 결과, 사회기반시설 투자가 증가하면 유동부채가 증가한다. 이는 특·광역시·도의 경우 사회기반시설 투자 시 단기 차입금 형태를 선호한다고 볼 수 있다. 또한 전체 유형자산의 투자가 증가할수록 유동부채가 증가한다. 한편, 예산 규모가 증가할수록 유동부채가 감소한다. 지방정부의 입장에서는 대규모 청사의 건립, 공약사업의 이행, 그리고 사회복지 수요 증가에 따른 재원조달을 위해 지방채를 발행할 수밖에 없다. 성남시, 인천시, 시흥시, 그리고 태백시의 경우가 그 예에 속한다. 강원도 산하기관인 강원개발공사는 알펜시아 리조트사업에 1조 7,000억 원을 투자했는데 이 중 1조 4,000억을 빌려서 하루 이자만 1억 3,000만원씩 발생하고 있다. 더욱 문제는 동계 올림픽 개최와 그 이후 엄청난 비용이 수반된다. 이들 지방정부는 사회기반시설 등 기본적인 인프라 구축을 위한 장기차입부채로부터 벗어나지 못한다. 지방자치단체장들은 공약사업 추진을 이유로 사회기반시설 투자에 재원을 늘릴 개연성이 크며, 일반적으로 이러한 투자에 장기차입부채를 선호한다. 왜냐하면 우선 치적을 쌓아 과시적 효과만 창출하면 되고, 이후 재정 상태는 그리 큰 문제가 되지 않기 때문이다. 결과적으로 이러한 요인들로 인해 장기차입부채는 크게 작용할 개연성이 크다.

무리한 개발사업 투자가 장기차입부채 증가로 …

유형자산과 장기차입부채 간 실증분석 결과, 일반유형자산의 투자가 증가할수록 장기차입부채가 증가한다. 이러한 분석 결과는 자치구의 경우 사회기반시설의 투자보다는 복지시설 등 일반유형자산 투자에 장기차입부채를 활용한다고 할 수 있다. 왜냐하면 자치구의 경우 대부분의 사회기반시설 투자를 광역시에서 담당하기 때문이다. 예산 규모가 큰 자치단체일수록 장기차입부채가 증가하고 있다(특·광역시·도).

함축하면, 첫째 사회기반시설 투자가 증가할수록 총부채 증가에 영향을 미친다. 자치구를 제외한 모든 지방정부 유형에서 사회기반시설의 투자가 총부채 증가에 영향을 미치는데, 특·광역시·도의 경우 가장 크게 나타난다. 자치구는 특성상 사회기반시설에 투자할 필요성이 적기 때문이다.

둘째, 사회기반시설 투자가 증가할수록 유동부채 증가에 영향을 미친다. 특히, 특·광역시·도의 경우 사회기반시설의 투자에 단기성 유동부채를 활용한다고 할 수 있겠다. 이는 중앙정부의 특·광역시·도급 위주의 재정배분과 관련성이 크다.

셋째, 일반유형자산 투자가 증가할수록 장기차입부채에 영향을 미친다. 특히, 자치구의 경우 일반유형자산의 투자가 장기차입부채에 영향을 미치는데, 복지시설 등 다양한 건축물의 건립에 장기차입부채를 이용한다고 할 수 있다. 그 외 자치단체는 사회기반시설 투자와 장기차입부채의 관계가 통계적으로 유의미하지 않은데, 그 이유는 사회기반시설 투자 시 상당 부분을 국가보조금에 의존하고 있기 때문이다. 또 다른 이유는 특·광역시·도의 경우 산하 도시개발공사를 통해 사업을 추진하고 있기 때문이다. 이는 일반회계에서 지방채 발행한도제가 시행되고 있기 때문에 공기업을 통해 사업을 추진할 유인은 커진다. 일부 지방정부의 경우 공기업에 부채를 전가하는가 하면 도시개발공사를 이용하여 다양한 사업을 추진 중에 있어 부채를 증가시키고 있다.

넷째, 특·광역시·도의 경우 총부채와 장기차입부채가 지속적으로 증가되고 있다. 따라서 특·광역시·도의 부채를 제어할 수 있는 시스템이 필요하다. 왜냐하면 이들 지방정부는 대규모 개발사업을 도시개발공사를 통하여 집행하고 있으나 지방정부의 부채에 집계되지 않기 때문이다. 도시개발공사를 포함하여 부채를 누계한다면 그 규모는 실로 엄청나다.

자산이 늘어나는 것 같지만 실제로 부채가 늘어난다

우리가 심각하게 고민할 사안은 외형적으로 지방정부의 자산이 늘어나는 것으로 인식될 수 있지만 실제로는 부채가 누적되어 가고 있다는 것을 유념해야 한다. 지방정부의 유형자산이 증가하면 지방자치단체로서는 각종 평가는 물론 재무보고서상 재정지표도 좋게 인식되기 때문에 아주 좋은 수단 중 하나이다. 예컨대, 자산 대비 채무비율이 낮아지게 되는데, 지방자치단체장은 이를 홍보하면서 재선에 유리한 고지를 점령할 수 있다. 자산 증가 이면의 비용(적자 운영)을 눈여겨보아야 한다(정성호, 2019).

제7장

국고보조금 등
의존재원이 부채로

제**7**장

국고보조금 등 의존재원이 부채로

> ▪ 누구의 잘못이 더 클까?
>
> ### 중앙정부 ≥ 지방정부
> 연성예산제약   악용, 도덕적 해이

지금까지 재정분권을 주장하면서 사실은 재정 확충에 주안을 두어 지방정부가 중앙정부에 의존하게 만들었다. 그러나 지방정부에서는 "국고보조금과 지방교부세 등 재정수익이 늘어나지만 부채도 동시에 늘어난다." 근본적인 원인은 지자체장과 지역구 국회의원 간 지대추구의 합작품일 경우가 많다. 단체장으로서는 선거용 치적쌓기 사업을 추진하기 위해 국고보조금사업을 신청하는데, 필수적으로 지방비 매칭이 필요하다. 이를 충당하기 위해 지방정부는 지방채를 발행할 수밖에 없는 실정이므로 부채가 늘어난다. 외상은 소도 잡아먹는다. 외상은 크게 두 가지로 설명이 가능하다. 하나는 국가로부터 보조금사업(외상 1)을 추진하기 때문에 상대적으로 적은 사업비로 사업을 추진할 수 있다. 또 다른 하나는 선거에 활용할 뿐(외상 2) 그 이후 유지보수비 등 적자운영은 신경쓰지 않는다.

최근 행정수요의 복잡·다변화 현상은 재정지출 규모를 증가시킬 수밖에 없다. 반면 지방재정자립도 등 제반 재정여건은 오히려 감소하는 추세에 있다. 예컨대, 민선자치 출범 이후 지방정부의 재정 규모는 47조 원(1995년)에서 208조 원(2018년)으로 4배가량 증가하였지만 같은 기간 재정자립도는 65.3%에서 55.23%로 감소하였다. 지방정부들은 민선자치 출범 이전에 비해 중앙정부로부터 국고보조금과 지방교부세 등 다양한 재정적 지원을 받고 있지만, 재정여건은 그리 나아지지 않고 있다. 그 근본적인 이유는, 첫째 중앙편중적 재정구조 - 국세와 지방세의 비율(76.3:23.7) - 를 고수하기 때문이고, 둘째 중앙정부의 취·등록세 감세 등 중앙정부 정책과 연관되기 때문이기도 하고, 셋째 세계경제위기 극복 차원에서 지방채를 대폭 허용한 결과이기도 하다. 더욱이 지방자치단체장들의 공약사업을 위한 무리한 사업 추진 과정이 지방재정을 더욱 취약하게 만들기 때문이기도 하다.

대부분의 지방정부는 스스로 재원을 조달하는 것이 제한되기 때문에 중앙정부에 의존하는 것은 물론 지방채를 발행할 수밖에 없는 처지에 놓여 있다. 다만 지방정부들이 지방채 발행한도제 등의 영향 요인으로 제반 사업을 추진할 때 의존재원 확보에 사활을 걸고 있다. 다시 말해서 지방정부들은 자주적 세입 확보 노력이 필요하지 않은 의존재원을 우선하여 확보할 가능성이 크다. 그 결과 재원 확보를 위한 자체의 노력보다는 중앙정부의 재정지원을 필요 이상으로 요구하여 국가 전체적 관점에서 비효율적인 재정운영을 야기할 가능성이 있다(배인명, 2009).

지방세가 많다고 부채가 적은 것은 아니다

일반적으로 총예산, 자체조달수익, 그리고 정부 간 이전수익이 많으면 그만큼 재원이 풍부하기 때문에 부채는 감소할 것이라는 논리적 추론이 가능하다. 그런데 문제는 지방정부들은 자체조달수익이 많음에도 부채가 누적되어 부채관리에 적신호가 켜졌다는 점이다. 특히, 자체조달수익이 건실한 광역시·도의 부채가 오히려 급증하고 있다는 점에서 체계적 관리가 절실하다. 인천, 대구, 부산이 그 예인데, 더 큰 문제는 이들 지방정부 산하 공기업의 부채를 포함하면 부채 규모가 더욱 심각한 수준이다(정성호, 2013).

지방정부의 의존재원(국고보조금 등)과 부채에 관한 간략한 논의가 필요하다. 부채는 크게 총부채, 유동부채, 장기차입부채로 구분할 수 있고, 재정수익은 총예산, 자체조달수익과 정부 간 이전수익으로 구분할 수 있다.

부채에 관한 정의는 법적인 맥락에서 다소 차이를 보인다. 국가재정법에 따르면 "정부가 차입의 주체로서 원리금의 상환의무를 직접 부담하는 확정채무"를 국가채무로 규정한다(국가재정법상 채무). 또한 국가채무의 공식 통계(D1)는 중앙정부와 지방정부의 채무를 계산하는 국제통화기금(IMF)의 기준이 사용되며, 정부 차관을 포함한 차입금, 국채, 그리고 국고채무부담행위만을 포함하며 정부보증채무와 같은 우발채무나 공기업 부채, 통화안정증권 차입과 같은 통화당국의 채무 등은 포함되지 않는다.

> **여기서 잠깐**
>
> 채무는 국가재정법상 채무와 국가채무로 구분된다. 국가재정법상 채무는 중앙정부의 국채, 차입금, 국고채무부담행위를 말하고, 국가채무(D1)는 중앙정부와 지방정부의 채무를 포괄한다.

행정안전부(2010)에 의하면 부채는 "과거 사건의 결과로 지자체가 부담하는 의무로서 그 이행을 위해 미래의 경제적 효용이 내재한 자원의 희생이 예상되는 현재 시점에서의 의무"로 정의하고 있다. 다만, 현행 예산회계에서 부채의 정의가 불명확한 점이 있다. 특히, 지방채를 발행하는 경우 채무와 수입을 연계하여 기록하지 않고 있다. 지방채 상환의 경우에도 마찬가지인데 부채의 감소와 연계되지 않은 채 단순히 지출로만 인식하고 있어 총체적 부채관리가 되지 않고 있다.

지방정부의 부채는 일반회계, 기금회계, 기타회계, 공기업 특별회계를 합한 금액이다. 여기에는 지방정부가 부담해야 하는 의무, 외부로부터 차입하는 차입금과 지방채증권뿐만 아니라 미지급채무(미지급금, 예수금 등), 퇴직급여충당부채 등이 포함된다. 지방정부의 부채는 유동부채, 장기차입부채, 그리고 기타 비유동부채로 구분되며 이 전체를 합한 지방정부의 통합부채를 총부채라 할 수 있다.

지방정부의 재정수익은 자체조달수익(고유 지방세 수익), 정부 간 이전수익(국고보조금 등 중앙정부 재원), 기타수익(임대료 등 세외수익)으로 구분된다. 이들 전체를 합하면 지방정부 예산이 되는데 총예산 규모로 정의할 수 있다. 따라서 지방정부의 예산은 총예산과 자체조달수익, 정부 간 이전수익으로 구분하여 설명할 수 있다. 총예산은 지방정부의 일반회계, 기금회계, 기타특별회계, 그리고 공기업특별회계를 통합한 예산의 총액 규모를 말한다.

재정수익 규모와 총부채 간 관계는 지방정부의 무분별한 개발사업 등과 연관하여 설명할 수 있다. 지방자치단체장과 지방의원들은 궁극적으로 재선을 위한 유인이 항상 내재하여 있다. 즉, 재선을 목적으로 테마성 사업에 투자할 가능성이 상당히 크다. 지방정부의 부채 증가는 공통된 현상이라 볼 수도 있지만, 특히 광역자치단체의 부채가 급증하고 있다는 점에 주목할 필요가 있다. 이들 지방자치단체는 비교적 자체재원이 풍부한 자치단체이기 때문에 문제로 인식되기에 충분하다. 또한 자체재원이 부족한 지방정부들은 의존재원을 확보하려는 유인이 더 크다. 결과적으로 총체적 부채 규모가 늘어날 가능성이 커지게 된다. 총예산 규모와 자체재원 규모가 부채 증가에 연계될 개연성이 큰 자치단체 유형은 광역자치단체이고, 의존재원 규모와 부채 증가는 상대적으로 기초자치단체에서 발생할 가능성이 크다. 궁극적으로 의존재원은 지방정부로 하여금 총부채 감소와 연관지어 설명이 가능할 것이다

광역시·도가 더 취약한 부채구조를 지니고 있다

총예산 규모의 비율이 증가할수록 총부채의 비율이 증가하고 있다. 이러한 분석 결과는 특·광역시·도를 중심으로 재정배분이 되고 있을 뿐만 아니라 특·광역시·도의 선심성 공약사업 추진과 대규모 국제대회 유치 경쟁 등의 요인이 부채 증가와 연관된다. 세부적으로는 자체재원의 규모가 증가할수록 부채가 증가하는 지방정부의 유형은 군이고, 반대로 감소하는 자치단체는 특·광역시·도와 자치구이다. 다만, 의존재원과 총부채 간의 관계는 통계적으로 유의미하지 않지만 대체로 음(-)의 관계를 나타낸다.

재정 규모와 상관없이 유동부채가 늘고 있다

자체재원이 부족한 지방정부들은 단기차입금, 단기예수금, 유동성 장기차입부채 및 기타유동부채의 유동부채를 발행하게 된다. 따라서 재정수익 규

모와 단기차입금과 유동성 장기차입부채 간 인과관계를 파악할 필요가 있다. 최근의 경향은 광역자치단체나 기초자치단체 할 것 없이 공통으로 장·단기 차입 등을 통한 부채가 증가하고 있다. 다만, 광역자치단체들은 단기차입 등을 통한 부채 증가와 연관될 개연성이 크고, 기초자치단체들은 장기차입부채를 선호할 개연성이 클 것이라 예측이 가능하다. 왜냐하면 기초자치단체들은 상대적으로 재원이 부족하기 때문에 장기차입부채를 더욱 선호할 개연성이 크다. 천안시의 경우 일반채무와 버금가는 민자투자사업(BTL, BTO)을 시행 중에 있다(정성호, 2012a).

총예산 규모의 비율이 증가할수록 유동부채의 비율이 증가하고 있다. 이는 특·광역시·도 위주의 부채 증가 현상으로 총부채 증가와 동일한 맥락에서 이해할 수 있다. 자체재원과 총부채 간 유의미한 관계와는 상반되게 자체재원과 유동부채의 관계는 통계적으로 유의미하지 않다. 한편, 의존재원은 유동부채와 연관됨을 알 수 있다. 특히, 특·광역시·도와 군은 의존재원의 비율이 증가할수록 유동부채의 비율이 감소하고 있다. 상반되는 결과로 자치구는 증가하고 있다. 이를 통해 유추할 수 있는 것은 광역시·도가 단기차입금 등을 활용할 가능성이 크다고 할 수 있다.

치적쌓기(공약사업)가 장기차입부채 증가의 주범

지방정부의 입장에서는 대규모 청사의 건립, 공약사업의 이행, 그리고 사회복지 수요 증가에 따른 재원조달을 위해 지방채를 발행해야만 한다. 지방자치단체장들은 공약사업을 추진하기 위해 장기차입부채를 선호한다는 추론이 가능하다. 왜냐하면 우선 치적을 쌓아 과시적 효과만 창출하면 되지 이후 재정

상태는 그리 큰 문제가 되지 않기 때문이다. 즉, 재정의 책임성 논란에서 비교적 자유롭기 때문이다. 그러므로 장기차입부채의 증가는 광역과 기초자치단체의 공통된 현상이라 할 수 있으며 일반적으로는 의존재원에 의존할 경향이 강하지만 비교적 쉬운 방법으로 사업을 추진하게 된다(정성호, 2013).

총예산 규모의 비율이 증가할수록 장기차입부채가 증가하고 있다. 이는 특·광역시·도의 선심성 공약사업 추진과 대규모 국제대회 유치 경쟁 등의 요인과 연관될 가능성이 크다. 비교적 재정력이 풍부한 광역시·도급과 시 단위 자치단체가 장기차입부채를 선호한다고 할 수 있다. 실제로 인천, 대구, 부산 등의 광역시와 비교적 재정이 건실한 천안, 성남 등의 시 단위 도시의 장기차입부채가 많다(정성호, 2012a). 서울 마포구 제외 전 자치구는 장기차입부채를 활용하지 않는 것과 연관된다. 실제 노원구 등 비교적 재정이 열악한 자치구는 차입을 통한 구정이 필요함에도 서울의 대부분 구청장은 무차입 행정을 미덕으로 삼고 있다. 또한 의존재원의 규모가 커질수록 장기차입부채가 증가하고 있다(광역시·도). 이와 연관하여 광역시·도 단위가 장기차입부채를 활용한다고 추론할 수 있다.

함축하면, 재정수익이 증가할수록 총부채, 유동부채, 장기차입부채에 미치는 영향이 다양하게 나타남을 알 수 있다.

첫째, 재정수익과 총부채 간의 관계를 분석한 결과, 총예산 규모와 총부채 간에 통계적으로 유의미한 자치단체는 특·광역시·도이다. 더불어 지방정부 유형에 따라 다소 차이는 보이지만 자체재원의 규모가 증가할수록 총부채가 감소하고 있다(특·광역시·도, 자치구). 반면 부채가 증가하는 지방정부는 군의 경우이다. 또한 재정력지수가 클수록 총부채가 증가하는 자치단체 유형은 시,

군의 경우이다. 함축하면 특·광역시·도의 부채관리가 필요하다는 추론이 가능하다.

둘째, 재정수익과 유동부채 간의 관계를 분석한 결과, 특·광역시·도는 총예산 규모가 클수록 유동부채가 증가하고 있다. 특히, 총부채와의 분석 결과와는 달리 의존재원이 증가할수록 유동부채가 감소하고 있다(특·광역시·도, 군).

한편, 자치구의 경우 의존재원의 규모가 커질수록 유동부채가 증가하고 있다. 더불어 지방정부 유형에 따라 다소 차이는 보이지만 인구밀도가 커질수록 유동부채가 감소한다(군). 더불어 특·광역시·도의 경우 재정력지수가 커질수록 유동부채가 증가하는 반면 군의 경우 유동부채가 감소된다. 고령화 정도의 경우 군과 자치구의 방향성이 다르다. 군의 경우 일반적으로 추론이 가능한 양(+)의 영향이 있으나 자치구의 경우 음(-)의 영향이 있다.

셋째, 재정수익과 장기차입부채 간의 관계를 분석한 결과, 총예산의 규모가 증가할수록 장기차입부채가 증가하고 있다(전체, 특·광역시·도, 시). 지방정부의 부채도 문제이지만 광역시·도의 공기업 부채는 더욱 심각한 수준이다. 따라서 광역시·도급 지방정부의 포괄적 부채관리가 필요한 시점이다. 반면 자치구 등의 경우 장기차입부채와 통계적으로 유의미하지 않은 결과가 도출되었는데, 아마도 다수의 자치구가 장기차입부채를 활용하지 않는 것과 연관되어 있을 개연성이 크다. 더불어 의존재원이 증가할수록 장기차입부채가 감소하고 있다(시).

예산 규모가 큰 광역시·도의 부채 증가는 시급히 관리되어야 할 과제이다. 우리나라는 광역시·도 단위로 재정배분이 되고 있어 비교적 재정이 건실할 것이라는 예측과는 달리 광역시·도 단위의 부채가 오히려 크게 증가하고 있다. 광역단위 지방정부는 타 단위의 지방정부보다도 지방채를 더 많이 발행하여 어찌 보면 보조금을 지급받고 있는 것과 동일하다. 그럼에도 지방채 발행 예외조항을 허용하기 때문에 지방채를 연속해서 초과발행하고 있는데 이는 문제이다.

애초에 시작하지 말았어야 할 국고보조사업

지자체장은 국고보조사업이라면 두 말 하지 않고 추진한다. 왜냐하면 치적쌓기용으로 선거에 유리하기 때문이다. 지방정부는 국고보조금 등 재정수익이 늘어나는 것에 대비하여 실제 부채가 늘어나고 있다는 사실을 유념해야 한다. 중앙정부의 재정지원을 믿고 애초에 시작하지 말았어야 할 국고보조사업을 시작한 것이기 때문에 부채는 늘어날 수밖에 없다.

제8장

지방보조금사업이
지방재정을 멍들게

제**8**장

지방보조금사업이 지방재정을 멍들게

▪ 누구의 잘못이 더 클까?

지방정부(only)
도덕적 해이

　정부는 2000년대에 발생주의 회계기준을 도입하였기 때문에 민간기업과 동일하게 이익조정이라는 수단을 활용하여 재정운영 결과를 좋게 보일 가능성이 내재되었다"고 할 수 있다. 우리나라의 재무회계 현실을 돌아보면 아직까지 관련 공무원이 전문성을 축적하지 못해(일부 지자체의 경우, 회계사 고용으로 전문성을 확보) 지적한 부분이 일어날 개연성은 크지 않다고 본다. 그렇다고 정부(지방자치단체)에서 전혀 이익조정을 하지 않는다고 할 수는 없다(정성호, 2018).

　구체적인 질문을 하나 해보면, 재정운영 결과에 대한 기존의 연구는 이익조정을 중심으로 한 회계학적 접근이 많았다. 예컨대, 개별 주체가 비용을 줄이기 위해 과소계상(이익조정)을 하고, 구체적으로는 0에 아주 근접하게 조정을 한다는 것이 일치된 견해였다(정성호, 2017; Ferreira et al., 2012; Stalebrink, 2002). 대부분의 지방정부는 정부 간 이전수익(국고보조금과 지방교부세로 구성)으로 지방재정을 운영하고 있기 때문에 수익을 늘리는 것이 녹록치 않다. 따라서 비용관리가 상대적으로 더 중요하다. 불필요한 비용을 줄이는 것은 재정운영 결과를 개선하는 가장 효율적인 방안이다. 더불어 지속 가능한 재정운영의 척도이자 근간이다.

지방보조사업(특히, 민간 등 이전비용)을 줄여야 …

지방자치단체의 정부 간 이전비용과 민간 등 이전비용은 재정운영 결과에 부정적 영향을 미친다. 즉, 지방자치단체 간 이전되는 비용(예, 광역에서 기초로, 자치단체에서 교육청으로)이 증가하기 때문에 재정운영 결과에 부정적 영향을 미친다. 이렇듯 정부 간 이전비용은 일부 줄일 여지가 없는 것은 아니지만 대부분 법정지출이다. 민간보조금을 포함한 민간 등 이전비용은 삭감의 여지가 크지만 지방자치단체에서 굳이 삭감할 필요를 느끼지 못하는 것이 가장 큰 문제이다. 재정지출 효율화 관점에서 지방자치단체의 이전비용이 재정운영 결과에 미치는 영향을 살피고, 지방보조금 관리에 관한 합리적 대안을 제시하고자 한다.

정부(지방자치단체 포함)재정은 크게 수익과 비용으로 구분된다. 수익은 자체조달수익, 정부 간 이전수익, 기타수익으로 구분할 수 있다. 자체조달수익은 지방세수익, 경상세외수익, 임시세외수익으로 구성되고, 정부 간 이전수익은 지방교부세수익, 자치구조정교부금수익, 시·군조정교부금수익, 국고보조금수익, 시도비보조금수익, 시도비보조금반환금수익, 자치단체 간 부담금수익, 기타정부 간 이전수익으로 구성되며, 그 밖에 기타수익(전입금수익 등)이 있다. 비용은 크게 인건비, 운영비, 정부 간 이전비용, 민간 등 이전비용, 기타비

표 8-1 비용 항목(대분류-중분류-회계과목)

대분류	중분류	회계과목(공시과목)
비용	인건비	급여
		복리후생비(이하 과목 미표시)
	운영비	도서구입 및 인쇄비(이하 과목 미표시)
	정부 간 이전비용	시도비보조금
		자치구조정교부금
		시·군조정교부금
		지방자치단체 간 부담금
		국가에 대한 부담금(지방선거)
		교육비특별회계전출금
		교육기관운영비보조금
	민간 등 이전비용	민간보조금
		민간장학금
		이차보전금
		출연금
		전출금비용
		지방공공기관보조금
		기타이전비용
	기타비용	자산처분손실
		자산손상차손

자료: 행정안전부(2017), 《2017년_지방자치단체 재무회계 운영규정》.

용으로 구성된다(〈표 8-1〉 참고).

정부 간 이전비용은 대부분 보조금과 조정교부금 등 법정지출로 구성되어 있기 때문에 재정운영 결과에 미치는 영향이 상당하지만 이를 줄일 여지는 크지 않다. 반대로 민간 등 이전비용(예, 민간보조금)은 줄일 수 있는 여지가 크고 현실적으로 타당한 대안을 마련할 수 있다. 다만 자치단체장들이 선거를 의식하여 이를 줄일 유인이 그리 크지 않다. 예를 들면, 민간보조금 등의 시한이 종료(일몰법에 기초)되어도 지방자치단체장들은 다음 선거를 의식해 민간보조금의 폐지 수순을 밟으려 하지 않는다. 좀 더 추측을 비약하면 지방자치단체장들은 보조금 폐지에는 관심이 없을 가능성이 크다. 현실에서는 오히려 민간보조금을 늘리는 경우가 적지 않다. 상황이 이러하니 민간 등 이전비용은 재정건전성은 물론 지속 가능한 재정운영에도 심각한 악영향을 미친다. 재정운영 결과에 직접적인 영향을 미치는 만큼 민간 등 이전비용에 대한 꼼꼼한 검토와 현실적 대안이 필요하다.

정부 간 이전비용의 세부구성은 다음과 같다. 시도비보조금은 "시·도가 관할지역의 시·군·구에 지급하는 보조금", 자치구조정교부금은 "특별시·광역시가 지방재정법 제29조의2(구 지방자치법 제173조)의 규정이나 기타의 근거에 의하여 자치구에 교부하는 조정교부금 또는 기타의 재원조정비용", 시·군조정교부금은 "시도가 〈지방재정법〉 제29조 제1항 및 제2항의 규정에 따라, 광역시도에서 시·군에 교부하는 시·군조정교부금 또는 기타조정교부금 이외에 재원조정비용", 지방자치단체 간 부담금은 "지방자치단체 간에 이전되는 부담금", 국가에 대한 부담금은 "지방자치단체가 법령 등에 의거 중앙정부에 부담해야 할 경비", 교육비특별회계 전출금은 "지방자치단체가 교육비특별회계에 지출하는 전출금 성격의 비용", 교육기관 운영비 보조금은 "지방자치단체가 교육기관의 운영비를 보조하기 위해 보조하는 각종 경비"로 정의된다.

민간 등 이전비용의 세부구성은 다음과 같다. 민간보조금은 "지방자치단체가 〈지방재정법〉 제17조와 개별 법령 및 조례에 근거하여 보조할 수 있는 다음의 단체에 대해 사업비 또는 운영비를 지원하기 위한 경비와 민간에 지급하는 사회보장적 수혜금", 민간장학금은 "지자체가 법령 또는 조례에 의해 민간인에게 지급하는 장학금 및 학자금", 이차보전금은 "지자체가 특정 목적을 위해 필요한 자금이 일반대출금리 또는 조달금리보다 낮은 금리로 조성될 수 있도록 하기 위해 지원하는 경비(환차손 포함)", 출연금은 "지방자치단체가 법령 또는 조례에 의해 민간 및 법인에 지원하는 경비", 전출금비용은 "지방자치단체의 전출금비용으로서 회계 간 전출금, 공사·공단전출금 등을 처리하는 계정", 지방공공기관보조금은 "지방자치단체가 〈지방재정법〉 제17조와 개별 법령 및 조례에 근거하여 보조할 수 있는 지방공공기관에 대해 사업비 또는 운영비를 지원하기 위한 경비", 기타이전비용은 "위에서 별도로 열거하지 않은 기타의 이전비용"이다.

재정건전성 평가는 다양한 재정지표를 활용할 수 있다. 일례로 정부는 재정건전성을 평가할 때, 현금주의 기준의 통합재정수지와 관리재정수지를 활용하기도 하고, 발생주의 기준의 '일반정부' 단위 부채(D2)를 활용하기도 한다. 통합재정운용표상 '재정운영 결과'도 제한적이지만 재정건전성을 평가하는 준거 기준이 될 수 있다. 재정운영 결과는 발생주의 기준을 근간으로 하기 때문에 현금수지와 관계없이 실제 정부재정활동에 기초하여 발생한 경상적 비용을 표시한다. 또한 사업원가를 활용하여 그 해의 세금부담분과 비교하여, 조세부담의 균형을 목표로 관리하는 기초자료로도 활용이 가능하다. 재정운영 결과는 경상적 수익·비용만 포함하기 때문에 미래 조세부담 예측자료로 활용이 가능하다. 일반적으로 재정운영 결과가 균형(0)에 가까우면, 해당 회계연도에 발생한 원가를 그 해의 조세부담으로 충당했으므로 다음 회계연도의 증세 또는 감세를 유발시키지 않는다. 반대로 재정운영 결과가 양(+)의 값인 경우, 해당 연도에 발생한 원가를 그 해의 조세부담으로 충당하지 못했으므로 다음 연도의 증세를 유발시키는 결과를 초래한다. 하지만 현실적으로 정부 차원에서 이러한 메커니즘은 실제 작동하지 않는다. 이는 중앙정부나 지방자치단체가 적자운영을 하였다고 해서 조세부담률이 증가되는 것은 아니다.

종합하면 재정운영 결과를 통해 한 해 정부(지자체) 살림살이의 결과를 확인하고 미래 재정부담 발생 여부를 가늠할 수 있다. 이는 자산은 통상 미래의 현금유입 등을 기대할 수 있고, 부채는 미래의 현금유출을 예상할 수 있기 때문에, 특정 연도의 자산 증가가 부채 증가보다 크면, 미래의 현금유입 또는 공공서비스 제공 예상액이 미래의 현금유출보다 큰 것이고, 반대의 경우라면 미래의 현금유출이 더 크다.

현행 재정운영표 양식은 민간기업과 달리 비용에서 수익을 차감하는 형태이다(현재 정부회계기준). 마찬가지로 재정운영 결과는 비용에서 수익을 차감하는 형식(비용−수익)이기 때문에 결과가 음(−)의 값이면 수익이 비용보다 큰 경우(비용<수익)이고, 양(+)의 값이면 비용이 수익보다 큰 경우(비용>수익)이다.

중앙정부 기준에 맞추다가 오히려 망친 재무제표

재미있는 일화를 하나 소개하면 2012년도 이전까지 지방자치단체의 재정운영표는 수익에서 비용을 차감하는 방식이었다. 과거 지방자치단체 기준이 더 타당했으나, 중앙정부와 동일하게 변경하는 과정에서 통일안을 따를 수밖에 없었다. 여기서부터 논리적 한계에 직면하였다. 부연설명하면 지방자치단체는 2012회계연도 이전에는 '운영차액(수익−비용)' 개념을 활용하였으나 그 이후 재무제표부터 중앙정부와 동일하게 '재정운영 결과(비용−수익)' 계정을 활용하였기 때문에 혼란의 소지가 다분하다고 평가한다. 왜냐하면 재정운영 결과값이 음(-)이면 흑자이고, 반대로 양(+)이면 적자 상태를 의미하기 때문이다(정성호, 2017). 따라서 현행처럼 '재정운영 결과' 용어는 그대로 사용하되 수익에서 비용을 차감하는 형식으로 변경하여 재정운영 결과가 양(+)의 값일 때 흑자로 인식할 수 있도록 해야 한다. 재무제표(재정운영표)에서도 동일하게 수익 항목을 먼저 표시하고 비용 항목을 뒤에 표시하는 것이 당연한 원칙이다(현재는 비용, 수익 순서). 이는 국제 기준의 정부재정통계(Government Finance Statistics: GFS)에도 부합한다.[1] 외국(미국, 영국, 호주, 뉴질랜드, 캐나다 등)의 사례를 개략적으로 검토해도 수익에서 비용을 차감하는 형식의 공시가 주로 사용되고 있다.

비용관리 관점에서 대안모색 필요

재정운영 결과에 직접적인 영향을 미치는 요인은 수익과 비용이다. 지방자치단체는 재정운영 결과를 개선하기 위해 수익을 늘리거나 비용을 줄여야 한다. 하지만 대부분의 지방자치단체가 지방세수의 부족으로 중앙정부의 이전재원(정부 간 이전수익)에 의존한다는 점을 고려할 때 수익 관점에서 대안을 모색하기는 힘들다. 비용 관점에서 대안을 모색하는 합리적 해결점을 찾아야 한다. 함축하면, 지방자치단체는 비용을 줄여야 재정운영 결과를 개선할 수 있다. 그리고 지방자치단체가 비용을 줄여 재정운영 결과를 개선하는 방법에는 두 가지가 있다. 첫째는 비용을 과소계상(이익조정 등) 처리하는 것이고, 둘째는 재정지출 효율화를 통해 불필요한 비용을 줄여 나가는 것이다. 전자는 회

---

1 수익에서 비용을 차감하여 '순운영수지'라 명명한다(GFSM, 2014: table 4.1).

계학적, 후자는 재정학적 관점이라 할 수 있다. 여기서는 후자에 초점을 맞춘다.

비용을 줄이는 것이 핵심

재정학적 관점에서는 지방자치단체가 재정을 운영하여 좋은 결과를 얻기 위해서는 실제로 투입되는 비용을 줄여 나가야 한다. 그 비용은 크게 정부 간 이전비용과 민간 등 이전비용이 있다. 이미 설명한 바와 같이 정부 간 이전비용은 대부분 법정지출로 구성되어 있기 때문에 줄일 여지는 크지 않다. 반면 민간 등 이전비용은 대부분 재량지출이기 때문에 줄일 여지가 상대적으로 크다. 다만, 선거를 의식하는 지방자치단체장에게 이를 줄일 의지가 없다는 것이 문제점이다. 결론적으로, 재정학 관점의 비용을 줄여 나가는 방법은 회계학 관점의 접근보다 훨씬 용이하고 유의미한 전략이다. 정치적 의지만 있으면 실현 가능하다는 것이 이 전략의 약점이자 강점이다. 현재까지는 이 점이 약점으로 작용해 관심을 받지 못했다. 같은 이유로 '재정학 관점의 비용과 재정운영 결과 간 연구'는 전무한 상황이다. 거대담론 차원에서 불필요한 비용을 줄여 재정운영 결과를 개선하는 합리적 대안을 탐색할 필요가 있다. 이는 지방자치단체의 지속 가능성과 연관된 유의미한 전략임에 틀림없다.

불필요한 민간이전비용을 줄여야 한다

정부 간 이전비용과 민간 등 이전비용이 증가할수록 재정운영 결과에 부정적 영향을 미친다. 대부분 법정지출인 정부 간 이전비용은 줄일 여지가 크지 않다. 반면 지방보조금 등으로 구성된 민간 등 이전비용(민간보조금 등)은 대부분 재량지출 항목이기 때문에 지방자치단체장이 의지만 있다면 줄일 여지가 상대적으로 크다. 다만 지방자치단체장이 이를 줄일 유인이 크지 않다는 점이 한계이다. 중앙정부 차원에서 규제를 통해 강제할 필요가 있다(예, 일몰법을 적용한 지방보조금). 대안으로 재정운영 결과(재정건전성)에 직접적 영향을 미치는 민간 등 이전비용은 줄여 나갈 것을 제안한다. 이는 지속 가능한 지방자치단체 재정운영의 근간이라 할 수 있다.

민간 등 이전비용(민간보조금, 민간장학금, 전출금, 기타이전비용)이 증가할수록 재정운영 결과에 부정적 영향을 미치고 있다. 이미 설명한 바와 같이 재량지출인 민간 등 이전비용은 과감히 줄여 재정건전성을 강화해야 할 것이다. 대안 차원에서 지방보조금심의위원회의 형식적인 지방보조금 평가를 개선할 필요가 있고, 동시에 국고보조금 평가 기준을 그대로 모방하여 지방보조금 평가에 유용하지 않은 평가 기준의 시급한 개선이 필요할 것이다. 더 나아가 지방자치단체장의 강력한 의지가 더욱 중요하다고 판단된다. 지방보조금 등 민간보조금을 과감히 줄여 재정건전성을 강화해야 할 것이다.

함축하면, 첫째 정부 간 이전비용과 민간 등 이전비용이 증가할수록 재정운영 결과에 부정적 영향을 미친다. 정부 간 이전비용이 증가할 때 재정운영 결과에 부정적 영향을 미치고, 마찬가지로 민간 등 이전비용이 증가할 때도 재정운영 결과에 부정적 영향을 미친다. 다만 대부분 법정지출로 구성된 정부 간 이전비용은 줄일 여지가 크지 않으므로 재량지출로 구성된 민간 등 이전비용(민간보조금 등)을 줄이는 방법을 모색해야 된다.

둘째, 민간 등 이전비용의 하위 항목인 민간보조금 등이 증가할수록 재정운영 결과에 부정적 영향을 미친다. 민간보조금의 경우 모든 지방자치단체 단위의 재정운영 결과에 공통적으로 부정적 영향을 미치고, 민간장학금의 경우 특·광역시·도 단위의 재정운영 결과에 부정적 영향을 미치며, 전출금의 경우 시 단위의 재정운영 결과에 부정적 영향을 미치고, 기타이전비용의 경우 전체, 특·광역시·도 단위의 재정운영 결과에 부정적 영향을 미친다. 이로써 지방보조금을 과감히 줄여 재정건전성을 강화할 필요가 있다. 이는 재량지출 항목이기 때문에 지방자치단체장의 정치적 의지만 있으면 충분히 달성할 수 있는 과제이다. 다만 민간 등 이전비용이 재정운영 결과에 부정적인 영향을 미쳤다는 것은 이전지출된 보조금(부서 또는 민간단체에)의 성과 달성과는 다른 관점임을 유념할 필요가 있다.

지방보조금심의위원회 내실화, 지방보조금 평가 기준 개편 시급

지방보조금심의위원회의 내실화와 지방보조금 평가 기준의 시급한 개선이 필요하다. 국고보조금 관리는 그간 체계성이 부족하다는 지적을 받아왔다. 더욱이 지방보조금 관리는 지나치게 형식적이라는 평가가 이어져 왔다. 그중 가장 큰 문제는 지방보조금심의위원회의 형식적인 심의에 있다. 이에 더해 국고보조금 평가 기준을 그대로 모방해 만든 지방보조금 평가 기준은 지방자치단체의 현실을 전혀 반영하지 못하고 있다. 지방보조금 심의를 하나의 요식행위로밖에 여기지 않는 현재의 관행을 과감히 바꾸고, 지방자치단체의 실정을 반영하는 평가 기준도 마련해야 한다. 또한 지방보조금에 일몰법을 적용시키는 유인책이 없다는 점을 다시 한 번 지적한다. 재정분권을 지향하는 방향성은 지키되, 중앙정부 차원에서 지방보조금을 관리할 수 있는 규제책이 필요하다.

제9장

무분별한
민간투자사업(BTO, BTL)이
지방재정을 멍들게

제**9**장

무분별한 민간투자사업(BTO, BTL)이
지방재정을 멍들게

> ■ 누구의 잘못이 더 클까?
>
> ### 중앙정부 ≥ 지방정부
> 거버넌스 실패   도덕적 해이

정부재정지출은 재정사업(예산사업)과 예산외 사업으로 구분된다. 예산외 사업으로 추진되는 민간투자사업은 수익형과 임대형으로 구분된다. 1995년 이후 초기는 수익형 민자사업이 중심이었다면 2005년 이후에는 임대형 민자사업이 주를 이룬다. 민자투자사업의 총괄은 기획재정부에서 관리되고 있기는 하지만 체계적 관리가 미흡한 실정이다. 더 큰 문제는 행정안전부에서는 지방정부들이 다양하게 BTL을 추진하고 있는데 집계가 잘 되지 않고 있다는 것이다.

민간투자사업은 수익형과 임대형이 공통적으로 국가사업과 지자체사업으로 나뉜다. BTO는 주로 국가사업으로 국토부와 국방부가 중심이 된다. 한편, BTL은 국가사업과 국고보조사업으로 구분되는데, 국가사업은 군인아파트 및 독신자 숙소의 신축, 군주거시설과 병영생활시설, 기능대학시설, 일반철도

그림 9-1   민간투자사업의 구분(수익형 BTO vs. 임대형 BTL)

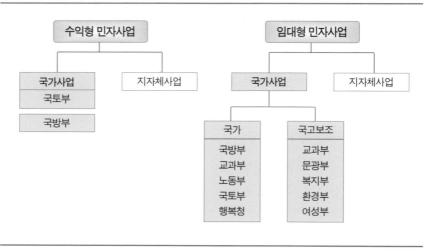

자료: 국회예산정책처(2010), p. 5.

건설, 학교시설, 군정보통신망, 재난통합지휘무선통신망, 국민임대주택, 청소년 수련원, 공공보건의료시설 및 보육시설 등이 해당한다.

국고보조 지방자치단체 사업은 노후하수관거 정비사업, 문예회관 신축, 박물관·미술관 등 신축, 노인의료시설 및 복지시설, 지방의료원 신축, 과학관 신축 등이 해당한다. 다만 지방정부의 자체 사업은 초·중등학교 시설 건립 등이 이에 해당한다.

민간투자사업은 분류 기준에 따라 다양한 유형으로 구분된다. 즉, 사업시행방식에 따라 BTO, BTL, BOT, BOO로 구분되고(민간투자법 제4조), 사업제안방식에 따라 정부고시사업과 민간제안사업으로, 투자비 회수방식에 따라 수익형과 임대형으로 구분된다. 민간투자사업의 주요 연혁은 〈표 9-1〉과 같다.

표 9-1 민간투자사업의 주요 연혁

구분	법률	주요내용
도입 (1994. 8.)	〈사회간접자본시설에 대한 민자유치촉진법〉 제정	민자 관련 개별법을 종합(주로 BTO방식) SOC 시설을 민간자본으로 건설, 민간이 운영
활성화 (1999. 1.)	〈사회간접자본시설에 대한 민간투자법〉으로 개정	외환위기 상황에서 민간투자 활성화를 위해 수정·보완 인프라펀드 도입, 최소운영수입보장제도(MRG) 도입 등
BTL 도입 (2005. 1.)	〈사회기반시설에 대한 민간투자법〉으로 개정	학교, 군숙소 등 생활기반시설로 확대 BTL방식 적용
일부개정 (2008. 12.)	이하 동일	BTL사업에 국회통제 강화(사전의결), 부정당업자 제재 등
일부개정 (2010. 5.)		5회계연도 이상의 기간에 대한 정부지급금 규모를 연도별로 주무부처별·대상시설별 등으로 전망한 임대형 민자사업 정부지급금 추계서 매년 작성, 정부지급금 규모의 증감 원인 등 분석
일부개정 (2013. 5.)		예산안과 같은 시기에 임대형 민자사업의 총한도액 등을 국회 제출(90일 전 → 120일 전까지)
일부개정 (2016. 3.)		농협중앙회 상호금융 부문을 이 법상 금융회사 등에 포함. 사회기반시설 투융자신탁의 대출 한도를 수익증권 총액의 30퍼센트 제한 규정 삭제
일부개정 (2018. 3.)		지방경찰청·경찰서 등 사회기반시설 확대 BTL방식 적용. 사회기반시설에 〈경찰법〉에 따른 지방경찰청 및 경찰서 포함

자료: 법제처 국가법령정보센터.

MRG가 재정위기의 주범

〈표 9-1〉에서 설명하고 있듯이, 민간투자사업은 1960년대부터 개별법에 따라 추진되다가 1994년 〈사회간접자본시설에 대한 민자유치촉진법〉이 제정됨에 따라 본격적으로 도입되었다. 주로 도로, 철도, 항만 등의 시설을 민간자본으로 건설하고 민간이 운영하는 수익형 민간투자사업(BTO) 위주로 시행되

었다. 한편, 1998년 외환위기 등의 요인으로 사회간접시설에 대한 민자유치촉진법을 전면개정하여 투자 확대를 통한 활성화를 도모하기 위해 최근 문제시되는 최소수입보장(MRG) 등의 제도가 도입되었다. 하지만 재정 문제 악화에 직접적인 원인을 제공하는 것이 바로 MRG이기도 하다. 그후 2005년 〈사회기반시설에 대한 민간투자법〉으로 개정하여 학교, 군 주거시설, 보건의료시설 등 생활기반시설이 민간투자 대상으로 추가되고, 임대형 민자투자 사업방식(BTL)이 도입되기에 이른다. 아울러 2008년에는 임대형 민자사업에 대한 국회통제(사전의결)를 강화하기 위해 법이 개정되었다. 이는 최근 민간투자사업이 사회적 문제로 대두한 것과 연관된다. 2013년에는 예산안을 제출하는 시기에 민자사업의 총액 한도를 제출하도록 개정되었다.

한편, 민간투자법에서 규정하고 있는 사업시행방식에 따른 구분을 중심으로 살펴보면 다음과 같다. 다만 사회기반시설 준공 후 일정 기간 동안 사업시행자에게 소유권이 인정되며 운영하다가 그 기간이 만료되면 소유권이 국가나 지방정부에 귀속되는 방식의 BOT(건설-운영-양도)와 사회기반시설 준공과 동시에 사업시행자에게 당해 시설의 소유권이 인정되는 방식의 BOO(건설-소유-운영)는 논의에서 제외하고 BTO와 BTL에 관해 세부적인 논의를 하면 다음과 같다.

1. 수익형 민자사업

수익형 민자사업(Build-Transfer-Operate: BTO)은 시설이 준공(Build)되면 소유권

그림 9-2 BTO 사업방식

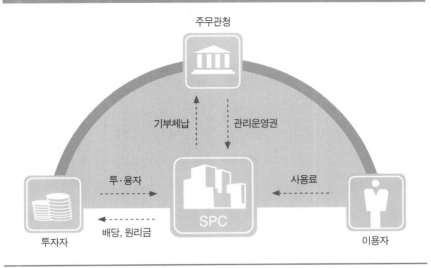

주무관청

기부채납   관리운영권

투·융자

SPC

사용료

투자자   배당, 원리금   이용자

자료: 건설교통부(2006), 《민간투자백서》.

을 정부에게 넘기고(Transfer) 사업시행자는 20~30년간 운영권(Operate)을 갖는 방식이다. 즉, 사업시행자는 사회기반시설이 준공됨과 동시에 시설의 소유권이 국가나 지방정부에 이전되지만 사업시행자에게 일정 기간 운영권을 인정함으로써 사업시행자는 관리운영권에 근거하여 시설이용자로부터 사용료 등을 받아 투자비를 회수하는 방식이다. 〈그림 9-2〉에서 '기부채납'이라는 용어를 사용하고 있으나 사실상 '시설물 자산이전'이 타당하다는 의견이 제시되었다. 왜냐하면 시설관리 운영권을 주는 교환조건으로 시설물을 이전받기 때문에 무상의 의미가 담긴 기부채납은 적절치 않다고 본다(민기, 2012).

2. 임대형 민자사업

임대형 민자사업(Build-Transfer-Lease: BTL)은 2005년에 새로 도입된 방식으로, 민간이 자금을 투자하여 공공시설을 건설(Build)하고 그 소유권을 정부에 넘기는(Transfer) 것은 BTO와 같지만, 사업시행자가 정부에 그 시설을 임대(Lease)하는 형식으로 운영비와 건설비 등을 매년 임대료 명목으로 회수하는 방식이다.

민간투자사업은 민간자금을 이용하여 공공시설을 건설하는 것이 원칙이나 사실상 정부의 재정지원이 아주 많다(국회예산정책처, 2010: 13~14). 세부적인 내용을 살펴보면 BTO는 민간투자법 제53조에 근거하여 용지보상비, 건설보조금, 최소운영수입 보장(MRG, 현재는 폐지됨) 등의 재정지원이 이루어진다. 먼저 BTO사업에 대해 논의하면, 용지보상비는 수익성이 있는 일부 민자고속도로를 제외하고 소유권의 정부 귀속을 대가로 100% 지급되는 경우가 대부분이다.

그림 9-3 BTL 사업방식

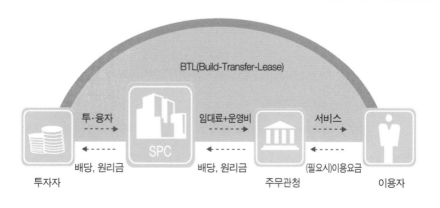

자료: 건설교통부(2006), 《민간투자백서》.

또한 건설보조금은 총투자비의 30~50% 수준으로 지원되다가(도로항만 30%, 철도 50%) 2006년 이후 민자사업 활성화 차원에서 대폭 축소되었다. 최소운영수입 보장은 추정수입액에 미달하는 액수의 일정 비율만큼을 지원하다가 이러한 수입보장이 사회적 문제로 가시화되자 2006년에 민간제안사업만 폐지하였다가 2009년부터는 정부고시사업까지 완전히 폐지하였다. 그러나 적정 임대료 등은 여전히 문제의 소지가 크다.

한편, BTL사업은 민간투자금을 정부지급금으로 보전하는데 시설임대료와 운영비로 이루어져 있다. 함축하면, 정부의 재정부담은 용지보상비, 건설보조금, 최소운영수입 보장(MRG), 정부지급금 등이라 할 수 있으며, 국민은 민간투자사업으로 인한 잠재적 부채가 지속해서 증가할 경우 최대의 피해자임을 상기해야 한다.

1994년부터 2018년까지 누적 추진실적은 총 129.7조 원이다. 2018년에는 70개 사업(BTO 37개, BTL 33개)에 대해 3.5조 원(BTO 2.2조 원, BTL 1.4조 원)을 투자했다(1917년: 84개 사업, 5.1조 원). 1918년 신규 사업은 16개 사업(실시협약 총투자비 11.9조 원)이며, BTO는 이천–오산 고속도로(0.3조 원), 봉담–송산 고속도로(0.3조 원) 등 37개 사업 2.2조 원 투자, BTL은 소사–원시 복선전철(0.3조 원), 부전–마산 복선전철(0.3조 원), 대곡–소사 복선전철(0.2조 원) 등 33개 사업 1.4조 원을 투자했다.

민간투자사업(BTL)을 수행할 때 민간사업자는 시설물 준공 후 운영개시 시점부터 정부로부터 정부지급금을 받는다. 정부지급금의 산출 기준은 (시설임대료 – 부속사업수익) + 운영비용으로 계산된다. 이때 시설임대료는 민간이 투입한 시설투자비의 보상분으로 총민간투자비 $\times \dfrac{\text{수익률}}{1-(1+\text{수익률})^{-(\text{임대기간})}}$ 로 계산되며, 수익률은 5년 만기 국채금리+가산율(α)로 계산된다. 운영비용은 민

표 9-2 민간투자사업 추진 단계별 투자비 실적(1994~2018)

구분	사업 수(개)					투자비(조 원)			
	합계	운영중	시공중	준비중	종료	합계	민간투자비	건설보조금	토지보상비
BTO	249	199	23	13	14	97.1	61.3	23.3	12.6
BTL	486	463	21	2	0	32.6	31.8	0.2	0.6
합계	735	662	44	15	14	129.7	93.1	23.5	13.2

자료: 기획재정부(2019),《2018년도 민간투자사업 운영현황 및 추진실적 등에 관한 보고서》, p. 3.

표 9-3 민간투자사업 추진 단계별 투자비 집행실적(2018)

구분	사업 수(개)				투자비(조 원)			
	합계	운영중	시공중	준비중	합계	민간투자비	건설보조금	토지보상비
BTO	37	11	22	4	2.2	1.2	0.5	0.4
BTL	33	12	20	1	1.4	1.4	0.02	0
합계	70	23	42	5	3.5	2.6	0.5	0.4

자료: 기획재정부(2019),《2018년도 민간투자사업 운영현황 및 추진실적 등에 관한 보고서》, p. 3.

간이 유지보수를 담당하면서 지출한 비용에 대한 보전분으로 시설이용 가능성(availability) 및 성과요구 수준에 대한 성과평가(performance) 결과에 따라 차감 지급하게 된다(민간투자사업기본계획).

　BTL사업은 BTO사업과 달리 정부고시사업 위주라 할 수 있다. 따라서 주무관청의 사업계획 수립으로 사업이 시작되며 타당성 및 민자적격성 조사를 거친 다음 기획재정부에 사업계획을 신청하면 기획재정부는 한도액을 편성하여 예산안과 같이 국회의 의결을 받아 한도액 안을 확정하고 그 후 고시, 평가 및 선정, 실시협약 체결, 실시계획 승인 등을 거쳐 사업이 진행된다.

그림 9-4 민자적격성 조사(재정사업/민자사업)

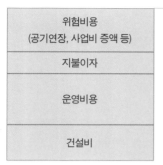
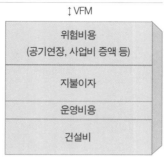

자료: 정성호 외(2013).

민자적격성 조사란 재정사업에 비해 민자사업 추진이 비용—편익면에서 우월한지 여부를 조사하는 것이다. 즉, 재정사업으로 시행했을 경우 비용에 해당하는 정부실행대안(PSC)과 민자사업으로 시행할 경우 비용에 해당하는 민간투자대안(PFI)을 비교하는 VFM(Value for Money) 테스트를 통하여 VFM이 0보다 클 경우 민간투자 적격성이 있는 것으로 평가하고 있다. 이 과정에서 낙찰률, 건설이자율, 사업수익률 등이 타당하게 설정되었는지 확인해야 한다. 〈그림 9-4〉는 재정사업과 민자사업을 비교하여 적격성 여부, 특히 VFM에 관한 내용이다.

〈그림 9-5〉는 임대형 민간투자사업의 구조를 설명하고 있다. 지방정부는 민간사업 시행자(Special Purpose Company: SPC)를 선정하여 실시협약을 체결하고 사업권을 부여한다(①). 사업시행자는 시설물을 건설하고 소유권을 지방정부에 이전한다(②). 대신 지방정부는 민간사업 시행자에게 시설관리 운영권을 부여한다(③). 관리운영권을 가진 민간사업 시행자는 이 운영권을 지방정부에 임

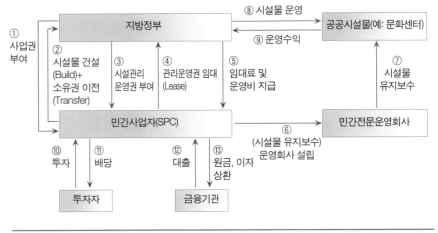

그림 9-5 임대형 민간투자사업(BTL)의 구조

지방정부

⑧ 시설물 운영
⑨ 운영수익

공공시설물(예: 문화센터)

① 사업권 부여

② 시설물 건설 (Build)+ 소유권 이전 (Transfer)

③ 시설관리 운영권 부여

④ 관리운영권 임대 (Lease)

⑤ 임대료 및 운영비 지급

⑦ 시설물 유지보수

민간사업자(SPC)

⑥ (시설물 유지보수) 운영회사 설립

민간전문운영회사

⑩ 투자
⑪ 배당

투자자

⑫ 대출
⑬ 원금, 이자 상환

금융기관

자료: 민기(2012), p. 70.

대하고(④), 지방정부로부터 임대료 명목으로 준공 후 20년 또는 30년간 매년 지급받을 뿐만 아니라 유지보수에 따른 운영비를 동일한 기간 동안 지급받는다(⑤). 사업시행자는 지방정부로부터 받은 운영비를 재무적 투자자에게 배당하고(⑩, ⑪), 금융기관으로부터 차입한 대출금을 상환한다(⑭, ⑮).

사업시행자는 시설물의 유지보수를 위해 SPC에서 출자한 민간전문운영회사를 설립한다(⑥). 이 운영회사는 시설물의 유지보수 업무를 담당하고(⑦), 지방정부로부터 운영비를 지급받는다. 또한 지방정부는 프로그램을 운영하고 그 수익을 세외수입으로 계상한다(⑨)(민기, 2012: 70).

예산외 사업 추진이 근본 문제

지방정부의 재정지출 또한 예산사업(또는 재정사업)과 예산외 사업으로 구분된다. 예산사업으로 추진하는 부채는 그나마 관리가 되고 있다. 하지만 민간투자사업과 같은 예산외(off-budget)로 추진되는 사업은 부채로 인식되지 않기 때문에 관리되지 않고 있다. 우리나라 지방정부의 공통적인 특성은 지방채무 산정 기준에 의한 예산 대비 채무비율은 일부 지방정부를 제외하고 그리 문제가 되지 않는다는 점이다. 대개의 지방자치단체는 지방채 발행과 증서 차입을 통해 조달한 채무원금과 지급해야 할 이자를 포함하면 그 규모가 크게 증가한다. 더욱이 민간투자사업을 포함하면 예산 대비 채무비율이 거의 두 배에 달한다.

민기(2012)의 주장에 의하면, 2010년 제주도의 예산은 27,498억 원이다. 또한 행정안전부의 지방채무 산정 기준에 의하면 지방채 잔액이 8,137억 원으로 예산 대비 채무비율은 29.6%로 '주의' 기준에 해당한다. 이에 더해 지방채 발행과 증서 차입의 이자 2,493억 원과 BTL사업을 통해 소유권을 이전받은 시설물의 임대료 11,249억 원 중 시가 부담해야 할 비용은 5,299억 원이다. 그렇다면 제주특별자치도의 실질채무는 15,929억 원으로 예산 대비 채무비율은 57.9%에 해당한다. 즉, '심각' 기준을 훨씬 넘어선 것이나 다름없다. 이러한 현실은 비단 제주특별자치도만의 문제는 아니다.

수익형 민자사업은 일반적으로 국가사업에 국한되어 있고, 임대형 민자사업은 국가사업과 국고보조 및 순수 지방자치단체 사업으로 구분된다. 대개 지방정부는 국고보조 지자체 사업의 민간투자사업을 수행하게 된다. 예컨대, 문화센터 등과 하수관거시설 등이다. 2012년 '부채제로(0)'를 선언한 전남 완도군은 "2005년 군외면사무소 청사를 신축하면서 발행한 지방채 잔여 채무액 2억 5,000만 원을 상환했다"는 공식 발표를 한다. 요지는 재정자립도가 10%도 넘지 못하는 완도군이 적극적인 민자유치와 정부 공모사업 등을 통한 국비 확보, 세수 확보 총력, 경비절감 등을 통해 부채 없는 자방자치단체를 만들었다는 것이다. 하지만 이것은 사실과 좀 동떨어진 이야기이다. 완도군은 BTO·BTL 방식의 사업을 추진하여 향후 갚아야 할 금액이 엄청나지만 지방채를 발행하지 않았기 때문에 부채로 인식되지 않은 것이다.

완도군은 국비 63억 원과 군비(지방비) 91억 원, 총 154억 원을 투자해 BTO 방식으로 건립한 완도군자원관리센터의 운영 법인에 생활폐기물 처리비용으로 연간 43억여 원, 15년간 총 645억여 원을 지불해야 한다. 이 법인은 총 138억 원을 투자해 2012년 4월 말 준공했다. 아울러 BTL방식으로 건립하여 2010년 문을 연 문화예술의 전당은 민간사업자에게 시설임대료 명목으로 분기별 3억 8,400만 원, 20년간 총 307억 2,000여만 원을 지불해야 하고, 별도로 연간 3억 4,000여만 원씩, 총 68억여 원의 운영비를 지불해야 한다(민기, 2012). 함축하면, 완도군이 지불해야 할 잠재적 부채는 총 952억 원이 넘는다는 이야기이다.

부채제로는 거짓말

부채제로를 주장하는 주된 배경은 부채로 인식되지 않기 때문이다. 또한 BTL방식을 선호하는 이유는 지방정부가 지방채를 발행할 경우 중앙정부는 물론 지방의회의 엄격한 통제를 받아야 하지만 민간투자사업 방식을 활용하면 쉽게 사업을 진척시킬 수 있을 뿐만 아니라 득표 극대화(즉, 선거에서 재선)에 영향을 미치기 때문에 이를 활용할 소지가 더욱 커진다. 긴 안목을 갖고 보면 엄청난 부채가 누적되지만, 단체장 재임기간에는 치적으로 인정받을 수 있다. 결국 '부채제로 달성' 지방정부라는 허황된 이미지는 주민의 재정착각을 불러 일으키는 원인이 되고 있다. 이는 비단 완도군의 이야기만이 아니라 대부분 지방정부들의 공통된 현상이라는 점에서 대책이 필요한 시점이다. 민자투자사업이 능사가 아님을 인식해야 할 것이다. 명확한 부채인식이 없는 가운데 지방채무는 지속해서 증가해 왔음에도 지방자치단체장 등 선출직 공무원은 득표극대화를 위해 선거에 부정적 영향을 주는 재정공시를 회피할 개연성이 크다.

최근 지방정부들은 해당 지방정부의 부채를 축소하는 방편으로 산하 공기업을 활용했다. 중앙정부의 경우에도 이와 동일한데, 4대강 사업을 수행하면서 한국수자원공사를 활용한 것이다. 결국 공기업으로 부채가 전가된 것이다. 지방정부들은 지방채발행한도제가 시행되고 있음에도 지속적으로 지방채를 초과발행하고 있다. 설령 지방채 발행 한도액에 의해 공약사업 추진이 제한되면 부채 증가 회피 수단으로 민간투자사업을 활용할 개연성이 크다. 따라서 실시협약 단계에서 의회의 의결을 강화할 필요가 있으며, 국고보조로 추진되는 민자투자사업이라 할지라도 부채 증가의 경로를 철저히 규명할 필요가 있다(Jeong, 2018).

재정사업(정부예산)방식이 훨씬 효율적

BTL사업의 임대료의 적정성 논란은 문제 중 하나이다. 재정사업방식에 비해 민자투자사업(BTL)이 효율적이지 않다는 것이다. 예를 들어, 제주도문화센터의 임대료는 매 분기당 3억 3,700만 원이며, 운영비는 연평균 4억 4,400만 원씩 20년간 지급된다. 이는 지방채 1조 5,271억 원을 연 6.28%의 이자로 빌려 재정사업을 하는 것과 동일한 규모이다(민기, 2012: 75). 6.28% 금리의 적정성 여부를 검증하기 위해 2010년 기준 지방채 원금 7,427억 3,600만 원과 비교한 결과, 지방채 평균이자율 4.36%에 비해 1.92% 더 많은 금융비용이 지급되고 있음을 알 수 있다. 이는 향후 저금리 등의 금융여건을 고려한다면 더욱 많은 차이를 보일 것이다. 따라서 적정한 임대료 책정은 또 하나의 과제이다.

한편, 기획재정부는 BTO·BTL 사업까지 포함하여 국가 및 지방정부의 세출예산 순계의 2%에서 관리하는 것을 원칙으로 하고 있다고 하나 이에 대한 세부적인 자료를 공개하지 않고 있다. 시설 준공 후 20년간 재정부담이 발생하는 BTL사업의 경우 정부지급금이 어느 수준에서 관리되어야 하는지 논의가 필요하다(국회예산정책처, 2012).

1995년 이후 수익형 민자사업(BTO)을 시작으로 2005년부터 다양한 임대형 민자사업(BTL)을 추진하고 있는데, 이것이 바로 지방재정을 멍들게 하고 있다. 몇 년 전 광주광역시가 민간투자사업자를 상대로 행정소송에서 승소하여 세간의 이목이 집중되고 있다. 민간투자사업은 민간투자금(임대료와 운영비 등)을 정부지급금으로 보전하고 있다고 보아도 무방하다. 다시 말해, 정부의 재정부담으로 용지보상비, 건설보조금, 최소운영수입 보장이 되고 있어 재정사업으로 사업을 추진할 때와 비교하면 엄청난 차이가 난다. 이는 곧 부채로 이어진다는 점을 상기할 필요가 있다.

과감한 인수 또는 재협상 고려

따라서 기존 실시협약 과정부터 기타 계약이행 위반 등을 포함하여 경영상의 부실이 발견되거나 애초의 통행량을 지나치게 부풀려 지나치게 재정부담으로 작용한다면 민자투자사업을 '인수' 또는 '재협상'을 심각히 고려해야 한다(서울시 9호선, 거가대교 등). 궁극적으로는 민간투자사업이 능사가 아니라는 점을 인식할 필요가 있다.

제3부 어떻게 할 것인가?

연성예산제약 탈피형 재정분권

제 **10**장

연성예산제약 탈피형 재정분권

1. 연성예산제약과 재정분권은 반비례

재정분권의 방향성이 명확하지 않다

우리나라는 김대중 정부부터 문재인 정부에 걸쳐 재정분권을 추진했지만, 그 가시적 성과는 나타나지 않고 있다. 정부는 국고보조금과 지방교부세를 오히려 확대하고 있어 중앙집권을 강화한 형국이다. 이는 정부의 재정분권 개념 및 목표(인식)가 불분명하고, 그 방향성마저 분명하지 않기 때문에 치명적인 오류를 범하고 있는 것이다. 재정분권을 국정과제로 추진했던 노무현 정부뿐만 아니라 그 정책을 계승하여 연방에 버금가는 재정분권을 주장한 문재인 정부마저 재정분권의 방향성이 명확하지 않은 듯하다. 단순한 재정 확충(예: 지방소비세 인상)은 재정분권이 아니다. 과거 중앙집권(예, 군부독재)을 경험한 국민들은 집권이 무조건 나쁜 것이라는 인식(경로의존성)을 갖고 있다. 과거 독재 집권의 폐해가 재정에 그대로 투사되었기 때문이다. 은연중에 재정분권은 마치 절대적 선으로 인식(이분법적 사고)되고 있는데, 이는 바람직하지 않다. 그 결과 과거부터 지금까지 국세와 지방세의 비중을 8 대 2에서 6 대 4로 늘려야 한다는 허무맹랑한 주장을 반복하고 있는 것이다. 그 주장의 핵심은 지방세 20%(국세 대비 지방세의 비중 2할)는 적정 재정분권이 아니기 때문에 지방세 확충이 필요하다는 논거이다. 이제 "재정분권이 절대적 선인가? 적정 재정분권은 과연 존재하는가? 재정 확충이 재정분권인가?"에 관해 근본적인 질문을 던져 보아야 한다. 최소한의 책임성과 자율성도 없는 지방정부가 과연 재정분권을 논하는 것이 타당한지도 검토해 보아야 한다. 재정분권의 핵심은 지방정부의 책임성과 자율성을 담보하는 것이 무엇보다 중요하기 때문에 연성제약 탈피형 재정분권이 답이다. 그렇다면 재정자립도에 기초하여 재정분권의 방향을 명확히 할 필요가 있다. 우선, 지방교부세 불교부단체는 온전한 재정분권을 추진하되(모든 정책 결정 과정에서 자율성을 의미), 재정자립도가 50% 이상인 지방정부도 시범적으로 재정분권을 추진해야 한다. 다만 재정자립도 20% 이하(또는 30% 이하)인 지방정부의 자치권한은 폐지(중앙정부로 회귀, 세출예산 규제)되어야 한다. 이것이 바로 연성제약에서 탈피한 재정분권 대안이다.

단순 국세·지방세 비교로 재정분권 정도를 파악해서는 안 된다

개별 국가의 정치·경제·사회·문화가 서로 다르기 때문에 국세와 지방세 비중을 단순 비교하여 재정분권 정도를 판단하게 되면 치명적인 오류를 범하게 된다. 우리나라는 과거 중앙집권의 폐해가 재정분권의 인식에 가장 큰 악영향을 미쳤다. 그래서 분권은 좋은 것(절대적 선), 집권은 나쁜 것(절대적 악)이라는 항등식이 생겨났다. 역사적으로 우리나라는 제헌 헌법 이래 잠시 지방자치(분권)를 채택했지만 군사쿠데타로 집권한 박정희 정부 시작과 동시에 지방자치가 폐지되고 말았다. 이후 외형적으로는 1991년부터 다시 지방자치가 부

활되었지만 지방분권(재정분권) 국가인지에 의문이 든다. 왜냐하면 과거 중앙
집권 구조와 별반 다르지 않기 때문이다. 실제 지방자치 부활 이후 약 30년이
지난 지금 지방정부는 과거에 비해 정치·행정 및 재정이 중앙정부에 오히려
더 예속되고 말았다.

2. 재정분권에 관한 혼돈(또는 오해)

집권이 나쁜가?

집권이 꼭 나쁜 것인지, 아니면 반대로 분권이 꼭 좋은 것인지는 이견이
있다. 예컨대, 정치·행정과 재정은 둘 다 집권적일 수도 분권적일 수도 있다.
또한 정치·행정은 분권적이더라도 재정은 집권적일 수 있다. 유럽연합 국가
는 정치는 독립성을 유지하지만 재정은 화폐 통합 등 강력한 집권체제를 지향
하고 있다. 분권은 국가마다 측정하는 방식이 다양하고, 다원적으로 정의될
수밖에 없다. 따라서 '분권'과 '집권'은 그 국가의 역할을 암시할 뿐 절대적 선
을 의미하는 것이 아니다. 최근까지 지방자치학자들에 의해 주장된 '2할 자
치'(수사어)는 오히려 재정분권 인식에 혼동만 초래한 듯하다.

재정 확충과 균형발전은 재정분권이 아니다

재정분권을 국정과제로 추진했던 노무현 정부와 이를 계승한 문재인 정
부는 재정분권을 강화하는 과정에서 그 개념의 불명확성이 그대로 노출되고
있다. 재정분권의 목표와 수단, 지향점이 분명하지 않아 발생한 결과이다. 즉,

재정분권의 목표와 수단이 일관적이고 명확하지 않으면 정책의 혼선을 야기하게 된다. 이는 결국 재정분권의 정확한 의미에 대한 합의를 어렵게 만들고, 목표와 수단이 상충되고 만다. 그 대표적인 사례가 '재정분권인가'와 '균형발전인가'에 대한 논쟁일 것이다. 재정분권과 균형발전은 엄연히 다르다. 하지만 명확한 합의 없이 재정분권을 추진하는 과정에서 재정 확충(지방소비세 인상, 11% → 15%, 지방소비세는 광역지방정부 세수이기 때문에 기초지방정부는 더 취약해진다는 의견도 있음)이 마치 재정분권(1단계 완성)으로 인식되고, 균형발전을 재정분권으로 착각하게 된 것이다.

원론적으로 재정분권의 의미 해석이 상충되고 있다. 즉, 정치권, 지방정부, 학자(지방자치학자, 법학자, 경제학자 등)들이 재정분권의 의미를 이해관계에 맞추어 나름대로 해석하고 있다. 정치권(국회의원 등)과 지방정부(단체장 포함)는 재정 확충이 재정분권이라는 인식이 강하게 자리하고 있다. 이들은 선거에서 이겨야 하기 때문에 득표 극대화를 목적으로 해당 지역에 더 많은 국고보조금 획득을 위해 노력하게 된다. 과거 노무현 정부를 회상해 보면, 재정력이 높은 지방정부는 국세의 지방이양을 재정분권으로 인식한 반면, 재정력이 취약한 지방정부는 중앙정부의 재정지원 강화(예: 재정 확충)를 재정분권으로 인식했다. 지방정부의 지방세수 확충과 무관하게 중앙정부의 재정지원 강화가 재정분권으로 인식되기도 했고, 분권 강화와 중앙정부의 재정지원 강화를 동시에 주장하는 역설적인 현상도 발생했다.

학제 간 연계논의가 필요하다
한편, 학자들마다 서로 관점이 다르다. 지방자치학자(법학자 포함)의 견해는 지방자치권 강화를 주장하면서 재정은 추후의 문제로 치부하여 지나치게 이상적인 재정분권을 지향하고 있다. 이는 재정분권보다는 재정 확충에 초점을 둔 근본 이유이다. 또한 경제학자의 견해는 적정 재정분권(예: 세입분권, 세출분권)을 정량화된 수치로 제시하려고 한다. 하지만 이러한 접근에 의미를 부여할 수 없다. 왜냐하면 개별 국가의 경로의존성에 기초해 볼 때 적정 재정분권이란 존재할 수 없기 때문이다. 재정분권을 논의할 때 학제적(inter-disciplinary) 연계를 고려할 필요가 있다. 그렇지 않으면 재정분권은 현실과 괴리된 독트린에 불과하다. 우리나라는 지방세 비중 증가의 필요성을 역설하면서 '2할 자치'(국세와 지방세의 비중이 8 : 2)라는 수사어를 흔히 사용한다. 우스갯소리로, 2할 자치란 수사어는 뭔가 2% 부족한 듯하며, 이에 관한 논거가 뒷받침되어야 한다. 그렇다면 현 시점에서 추론 가능한 것은 재정 확충 또는 국세의 지방이양을 추진하여 현 정부가 목표로 하는 4할 자치가 된다고 가정하면 재정분권이 완성되는지 반문해 볼 필요가 있다. 그 답은 '아니오'이다. 반면에 안정적 재정분권을 추진하고 있는 영국은 국세와 지방세의 비중이 94 : 6으로 '0.6할 자치'인데, 집권국가인가? 그 답은 '아니오'이다.

자율성만 강조해서는 안 된다

또 하나의 명제는 자율성만 강조하는 것이 재정분권인가? 지방정부의 입장에서는 책임성보다는 자율성을 강조하고 있는 현실이다. 즉, 지방정부로 재정 확충만 더 해주고 그 다음은 지방정부가 마음대로 사용할테니 신경쓰지 말아 달라는 것이다. 책임성과 자율성이 담보되지 않은 재정분권은 무용지물이 되고 만다. 재정분권의 방향이 정치적 수사어(4할 자치)로 단순화될 경우 정치·

행정 분권의 관점에서 제안된 재정정책이 경제성장(효율성)은 물론 균형발전(형평성)에 미치는 영향을 분석하지 않게 된다. 특히, 재정분권의 다원적 성격이 제대로 이해되지 않을 경우, 단순논리에 입각한 재정분권은 긍정적이기보다 부정적일 가능성이 높고, 재정분권의 진정한 의미가 퇴색될 가능성이 높다.

재정연방주의

재정연방주의 이론을 정립한 오츠(Oates)에 따르면 재정연방주의는 서로 다른 수준의 정부가 각각 나름대로의 재정정책을 펼치고, 이러한 재정정책이 상호 연관되어 있는 경제체제라 정의한다. 또한 연방국가가 아니더라도 대다수의 국가들이 지방세와 지방세출이 일정 수준 독립적으로 결정하기 때문에 재정연방주의를 채택하고 있다고 본다. 재정연방주의를 정치경제학적 관점에서 연구한 웨인개스트(B. R. Weingast)는 연방주의가 경제적 비효율성으로 이어지는 경우가 많기 때문에 '시장기능을 유지하는 연방주의'를 강조하고 있다. 재정연방주의는 상위 정부와 하위 정부의 세입 및 세출 책임을 분명하게 배분, 지방정부의 지역경제에 대한 분명한 권한, 국가 내에서는 지역 간 장벽 없는 시장 형성, 강성예산제약조건 성립, 권한 배분 제도화를 강조한다.[1]

이러한 요소를 우리나라의 상황에 접목시켜 보면 불분명한 세입·세출 책임, 연성예산제약, 불분명한 권한 배분의 제도화가 가장 문제로 작용한다. 예컨대, 과거 중앙정부 업무를 지방정부에 위임하여 수행하는 방식을 유지하고 있고, 지방재정의 운영 또한 크게 다르지 않다.

---

[1] 재정연방주의에 관한 심도 있는 논의는 우명동(2019)을 참고하라.

한편, '적정(optimal) 재정연방주의'는 정부 간 재정정책의 권한배분을 통하여 국민들의 후생을 극대화하는 규범적인 정책을 의미한다. 적정 재정연방주의는 정부 간 과세 권한의 배분, 정부 간 세출 권한의 배분, 그리고 정부 간 이전재원 등을 고려해야 한다. 즉, 재정연방주의는 중앙과 지방재정의 역학관계가 존재하기 때문에 분석 대상이 광범위하고, 효율성보다는 지역 간 형평성에 대한 고려가 중요하다.

국가마다 적정 재정분권 규모는 정치·사회적 환경에 기인되기 때문에 다를 수밖에 없다. 전통적으로 분권을 추구했던 국가와 집권을 추구했던 국가는 그 출발점이 다르다. 따라서 재정분권 또한 달리 접근해야 한다. 4할 자치가 되면 재정분권이 완성되는 것인가? 전혀 그렇지 않다. 4할 자치가 되면 무엇이 바뀌나? 현재의 지방정부 구조라면 바뀔 것이 전혀 없다. 그렇다면 0.6할(지방세입 규모)인 영국은 재정분권 국가가 아닌가? 그렇지 않다.

〈그림 10-1〉은 OECD 국가들의 분권 수준을 좌표로 표시한 것이며, 가로축에 세출분권(일반정부 세출 대비 지방정부 세출 비중)과 세로축에 세입분권(일반정부 세입 대비 지방정부 세입 비중)을 표시하고 있다. 점은 국가별 분권화 수준(비율)을 나타낸다. 우리나라의 세입분권 수준은 17.58%이며, 세출분권 수준은 41.28%이다. 세입분권은 OECD 국가 평균(19.03%)에 비해 낮지만 세출분권은 OECD 국가 평균(30.07%)보다 상당히 높다. 세출분권 지표로만 보면 재정분권 국가임에 틀림없다. 하지만 세출예산의 약 70~80%가 중앙정부로부터의 이전재원으로 구성되기 때문에 외형만 보고 재정분권 수준으로 해석해서는 안 된다. 다시 말해, 한국은 세입분권도 세출분권도 아닌 집권이라고 보는 것이 더 타당하다.

이렇듯 적정 재정분권 수준을 논의할 때 일본, 독일, 미국 등의 지방세 비

그림 10-1 OECD 국가 재정분권 수준

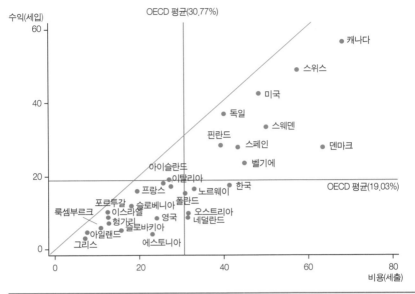

주: 45°(파란색) 선에 가까울수록 분권 정도가 좋음.
자료: OECD 자료를 활용하여 저자 작성.

중, 지방세출 비중을 단순하게 인용하거나 비교할 경우 명백한 오류를 범할 가능성이 크다. 정부 재정자료는 개별 국가의 헌법 및 법률, 정치·행정의 구조, 역사적 요인 등 제반 요소를 고려하여 재해석해야만 의미 있는 비교분석이 가능하다. 개별 국가의 재정자료가 사례연구를 위한 최소한의 활용으로는 무리가 없지만 정책 결정에 활용될 때 정책적 오류로 연결될 가능성이 매우 크다는 것을 염두에 두어야 한다.

재정 확충은 재정분권이 아니다. 현재 재정분권 흐름은 재정 확충에서 조금도 벗어나지 못하다고 있다. 재정 확충을 위해 지방소비세를 15%로 인상한 것이 바로 그 예이다. 그럼에도 불구하고 행정안전부(지방재정 총괄 부처)는 지방소비세 인상으로 재정분권 1단계가 완성되었다고 주장한다. 2017년 결산 기준으로 재정자립도가 20% 이하인 지방정부가 46개, 30% 이하인 지방정부가 130개인 점을 감안해 보면 지방정부 입장에서는 재정지원 강화(재정 확충)를 재정분권이라 주장하는 것도 무리가 아니다. 그러나 재정 확충은 진정한 의미의 재정분권과는 아주 거리가 멀다는 사실을 인식해야 한다. 가장 큰 문제는 지방자치 시대 이전(1995년)과 크게 다르지 않으며, 중앙정부의 사무를 지방정부에 위임하여 수행하는 방식을 유지하고 있다는 점이다. 정치적으로도 중앙당의 하부 조직으로 운영되고 있으며, 재정은 중앙정부의 이전재원으로 운영하고 있어 과거에 비해 오히려 더욱 예속되고 말았다. 즉, 현재에도 재정분권에 관해 수사어적 주장만 난무할 뿐 진정한 의미에서 재정분권은 논의조차 되지 않고 있는 실정이다(Jeong, 2018).

3. 재정분권의 방향성

자율성과 책임성에 기초한 재정분권

근본적으로 재정분권은 자율성과 책임성을 근간으로 한다. 지방정부의 절반 이상이 재정자립도 30% 이하이기 때문에 자율성을 담보하기 힘들다. 결국 중앙정부의 보조금으로 적어도 70%를 지원받아 지방정부를 운영하다 보니 중앙정부에 예속될 수밖에 없는 구조가 된다. 그러니 당연히 책임성도 담보하기 힘들다. 지방교부세 불교부단체의 온전한 재정분권의 지향과 더불어 재정자립도가 50% 이상인 지방정부(2017년 결산 기준으로 31개)는 국세의 지방이양 등의 방식으로 재정분권을 지향해야 한다. 지방세입 규모가 50%가 넘는 지방정부들은 국세의 지방세로의 대체(지방세 규모 확대)할 필요가 있다(국고보조금과 지방교부세 확충이 아닌). 일본의 경우 2003년 세 가지 재정개혁을 동시에 추진했다. 국고보조금을 줄이면 국세 수입이 증가되는 만큼 지방세로 재원을 이양하였고, 지방교부세 총액을 제한하였으며, 국세인 소득세를 지방세 주민세(개인분)로 대체하였다. 그 결과 지방세의 비중이 크게 상승했다. 한국은 이에 관해 눈여겨볼 만하다. 즉, 한국의 경우, 국고보조금의 전면 개혁(폐지 가능한 국고보조사업 위주)이 필요하고, 안정적인 국세(부가가치세, 소득세)를 경기에 민감한 지방세(취득세 등의 재산세)로 대체할 필요가 있다.이러한 조치는 세원이양을 의미한다. 세원이양 규모는 국세-지방세 비중(우선 7 : 3 또는 장기적으로 6 : 4)에 맞추어 점진적으로 조정해 나가야 한다. 과거로부터 지금까지 부가가치세를 조금(4% 정도) 늘리는 것이 재정분권은 아니다. 엄밀히 말하면, 이는 단순한 재정 확충에 불과하다. 지방세 비중의 점진적 조정은 시범적(pilot test)으로 실행해 볼 필요가 있다. 왜냐하면 지방세 비중의 증가에도 불구하고 여전히 수직적 재정분권은 물론 수평적 재정분권이 같이 고려되어야 하기 때문이다. 다만 지방세로 세원이양의 당위성을 전제로 지방정부의 자율성과 책임성을 담보해야 한다.

재정규모별 재정분권을 시범 적용해 볼 필요

재정자립도가 50%가 넘는 지방정부는 중앙정부의 이전재원이 아닌 자체세수로 세입을 늘려야 하고, 자율성과 책임성이 전제된 세출이 필요하다(세입분권과 세출분권).

반면 재정자립도가 20% 또는 30% 이하(추후 세부논의 필요)인 지방정부는 재정 확충을 지향하되 자치권한을 폐지하는 것을 고려할 필요가 있다. 이 부류의 지방정부들은 사실상 세입을 늘릴 수 없다. 따라서 세출의 대부분이 중앙정부로부터 이전되기 때문에 불합리한 지출을 규제해야 한다(세출분권 제한). 특히, 지방정부가 예산 편성 시 지출승인(예, 미국의 지출승인법)을 통해 불필요한 지출을 체계적으로 모니터링해야 한다. 예컨대, 지방정부의 장이 재선을 위해 추진하는 대규모 건설사업(일종의 치적쌓기)을 막아야 한다. 재정자립도가 20% 또는 30% 이하인 지방정부는 세수가 제한적이기는 하지만 자체세수(세입)를 늘려나가되, 규제를 통한 세출의 책임성을 담보해야 한다(세입분권, 세출분권 권한 폐지).

시계 태엽(재정분권)을 다시 돌려야 할 때 …

재정분권은 선 또는 악(이분법)으로 인식되어서도 안 되고, '2할 자치'라는 정치적 수사어를 활용해서도 안 된다. 또한 재정 확충과 균형발전이 재정분권으로 왜곡되어서도 안 된다. 재정 확충, 균형발전 및 재정분권은 각기 다른 개념이기 때문이다. 또한 매번 정부가 바뀔 때마다(대통령 후보 공약) 재정분권을 외쳤지만 변화된 것은 거의 없다. 재정분권은 주장에 그쳐서는 안 되고 실질을 추구해야 한다. 현재에도 재정분권은 주장만 난무할 뿐 멈춰진 태엽시계(1991년 지방자치 부활 시점)에 불과하다. 이제 그 시계 태엽을 다시 돌려야 할 때이다. 그 방향성은 자율성과 책임성 구현이며 대안은 연성예산제약 탈피형 재정분권이다. 자율성과 책임성 강화는 지속 가능한 재정의 출발점이자 궁극적 목표가 되어야 한다.

제11장
새 포도주는 새 부대에

제11장

새 포도주는 새 부대에

> ▪ 누구의 잘못이 더 클까?
>
> ### 중앙정부 > 지방정부
> #### 상호 협력적 거버넌스 추구

현재 지방정부는 총 243개로 구성되어 있으며, 조선시대 때 산과 강을 경계로 구역을 획정한 것과 크게 다르지 않다. 온전한 재정분권구조가 되려면 현재 243개 지방정부는 광역형 거점도시로 통합·재편하고, 중앙과 지방사무의 명확한 구분이 필요하다. 또한 인구소멸과 학령인구 감소를 고려한 체계적 대비가 필요하다. 광역형 거점도시(약 50개)로의 개편은 지방교육청(17개 교육청과 174개 교육지원청)의 구조 개편과 일반재정과 교육재정의 통합을 전제로 한다.

1. 광역형 거점도시로의 개편

광역형 거점도시로의 개편은 재정을 효율화하고 실질적인 재정분권을 추구하는 유의미한 접근이라 할 수 있다. 특히, 인구소멸과 학령인구 감소에 대비하고, 교육자치로의 개편(지방재정과 교육재정의 통합)이 완성될 수 있다. 그렇다면 왜 꼭 50여 개의 광역형 거점도시가 필요할까? 재정학적 대답은 간명하다. 근본적으로는 재정분권의 방향과 일치하며 규모의 경제를 실현할 수 있기 때문이다. 현재와 같이 243개 지방정부를 그대로 유지한 채 재정분권(재정 확충)을 강화한다는 것은 밑 빠진 독에 물 붓기와 다를 바가 없다. 인구소멸로 없어질 지방자치단체들이 실질지방자치를 추진한다는 명분으로 불필요한 치적사업(예, 공설운동장)을 추진하고, 학령인구 감소가 명확함에도 교육자치를 위해서라며 재정투입을 늘리는 오류를 범하고 있다. 이로 인해 효율성이 떨어지고, 재정이 낭비되면 그 부담은 고스란히 국민의 몫으로 돌아온다. 광역형 거점도시는 이러한 문제를 일소할 수 있다(정성호, 2018).

2. 중앙-광역-기초 간 기능 중복 개편

우리나라는 244개 국가가 있다고 보아도 크게 틀리지 않다. 중앙정부를 하나의 국가라 칭한다면 나머지 243개 지방자치단체도 국가이다. 중앙정부가 수행하는 사무를 243개 지방자치단체(광역·기초)가 거의 동일하게 보고 있기 때문에 기능 중복이 나타나지 않을 수 없다. 중앙-광역-기초 간 기능 중복을 개편하기 위해서 현재의 행정구조가 얼마나 비효율적인지를 먼저 살펴보아야 한다(정성호, 2018). 사무구분 체계는 크게 국가사무와 자치사무로 구분된다. 국가사무이지만 지방자치단체에서 수행하는 사무는 단체위임사무와 기관위임

사무로 구분할 수 있다. 또한 자치사무는 시·도 사무와 시·군·구 사무로 세분화된다(지방자치법 제9조 내지 제10조, 동법 제103조). 이에 대해 좀 더 살펴보자.

첫째, 국가사무는 지방자치법 제11조(국가사무의 처리 제한)에 제시되어 있는데(지방자치단체가 사무를 처리할 수 없고 국가사무임을 천명함), 제11조에 "지방자치단체는 다음 각 호에 해당하는 국가사무를 처리할 수 없다. 다만, 법률에 이와 다른 규정이 있는 경우에는 국가사무를 처리할 수 있다"라고 규정하고 있다. 이를 정리하면 다음과 같다.

- 국가사무: 외교, 국방, 사법, 국세 등 국가 존립에 필요한 사무/물가정책, 금융정책, 수출입정책 등 전국적으로 통일적 처리를 요하는 사무/농산물·임산물·축산물·수산물 및 양곡의 수급조절과 수출입 등 전국적 규모의 사무/국가 종합경제개발계획, 국가하천, 국유림, 국토종합개발계획, 지정항만, 고속국도·일반국도, 국립공원 등 전국적 규모나 이와 비슷한 규모의 사무/근로기준, 측량단위 등 전국적으로 기준을 통일하고 조정해야 할 사무/우편, 철도 등 전국적 규모나 이와 비슷한 규모의 사무/고도의 기술을 요하는 검사·시험·연구, 항공관리, 기상행정, 원자력 개발 등 지방자치단체의 기술과 능력으로 감당하기 어려운 사무 등으로 열거하고 있다.

둘째, 국가사무 중 지방자치단체가 수행하는 사무는 단체위임사무와 기관위임사무로 구분된다.

- 단체위임사무: 지방자치법 제103조 규정에 따라 "사무와 법령에 따라 그 지방자치단체의 장에게 위임된 사무"를 의미한다.

- 기관위임사무: 지방자치법 제102조, 제104조, 정부조직법 제6조 제1항 등에 근거를 두고 법령 등에 의하여 "국가 또는 상급 자치단체로부터 자치단체의 기관에게 처리를 위임한 사무"이다. 법령체계에서는 국가 사무를 나열하고 법률에서 위임근거를 마련한 후 시행령을 통해 지방 자치단체에 위임한 사무이다.

- 자치사무: 지방자치법 제9조에서 열거하고 있는데, 지방자치단체의 구역·조직·행정관리 등에 관한 사무/주민의 복지 증진에 관한 사무(주민복지·노인·전염병·청소 등)/농림·상공업 등 산업진흥에 관한 사무(농업용수시설, 중소기업 육성 등)/지역개발과 주민의 생활환경시설의 설치·관리에 관한 사무/교육·체육·문화·예술의 진흥에 관한 사무(유아원, 도서관, 지방문화재 등)/지역민방위 및 소방에 관한 사무 등이다.

셋째, 시·도 사무와 시·군·구의 사무 구분이다. 이같이 두 가지로 지방자치단체의 사무를 나누는 기준은 다음과 같다. 구체적 사무 구분은 '지방자치법 시행령 별표[1]'에 적시되어 있다.

- 시·도 사무: 행정처리 결과가 2개 이상의 시·군 및 자치구에 미치는 광역적 사무/시·도 단위로 동일한 기준에 따라 처리되어야 할 성질의 사무/지역적 특성을 살리면서 시·도 단위로 통일성을 유지할 필요가 있는 사무/국가와 시·군 및 자치구 사이의 연락·조정 등의 사무/시·군 및

표 11-1 지방분권촉진위원회 사무배분 기준(원칙)

구분	사무배분 기준(원칙)
국가사무	• 국가존립유지 사무 • 국가 주요 정책에 필요한 기본계획 수립 사무 • 국가적 제도 및 전국적으로 통일된 적용이 요구되는 기준 등 설정 사무 • 국가적 차원의 고도의 전문적 지식과 기술이 필요한 사무 • 지방자치단체의 통합 또는 조정 사무 • 기타 국가적 차원의 집행 사무
자치사무 (광역)	• 행정처리 결과가 2개 이상의 시·군·구에 미치는 광역적 사무 • 시·도 단위의 동일한 기준(통일성 유지)의 처리 사무 • 국가와 시·군·구 사이의 연락·조정 등의 사무 • 시·군·구가 독자적으로 처리하기에 부적당한 사무 • 2개 이상의 시·군·구가 공동으로 설치하는 것이 적당한 규모의 사무 • 시·도를 대상으로 하는 정책적·집행적 사무 • 시·도 관할의 시·군·구를 조정·통합·평가하는 사무 • 광역적 규모의 경제하에서 처리하는 것이 효율적인 사무 • 시·군·구별로 배치할 수 없는 광역행정 차원에서 전문적 처리 능력이 요구되거나 처리가 가능한 사무 • 시·군·구별 업무량 차이가 심한 사무 • 주민대응성 측면에서 시도의 행·재정적 지원이 필요한 사무 • 사무의 기능이 전 시·군·구에 영향을 미치는 사무
자치사무 (기초)	• 국가, 광역자치단체 사무를 제외한 사무 • 시·군·구에 한정적으로 영향을 미치는 사무 • 영향력이 직접 지역주민에게 미치는 사무 • 시·군·구가 수행하는 것이 경제적이고 효율적인 사무 • 주민편익을 위해 시·군·구에서 행·재정적 지원이 필요한 사무 • 국가와 시·도의 지원이 필요하지 않은 사무 • 자치사무 중에서 시·도의 자치사무로 구분되지 않은 사무

자료: 지방자치발전위원회 내부 자료.

자치구가 독자적으로 처리하기에 부적당한 사무/2개 이상의 시·군 및
자치구가 공동으로 설치하는 것이 적당하다고 인정되는 규모의 시설을
설치하고 관리하는 사무 등으로 구분하고 있다.

- 시·군·구 사무: 시·도가 처리하는 것 이외의 사무라고 규정하고 있다.

국가와 지방사무를 기능적으로 구분하는 것은 국가운영의 효율성은 물론
재정지출의 효율성을 추구하기 위함이다. 위의 설명과 함께 〈표 11-1〉, 〈표 11-2〉, 〈표 11-3〉을 제시하는 것은 중앙정부와 지방사무의 차별성, 그중에서도 특히 시·도 사무와 시·군·구 사무의 차별이 없다는 점을 보여 주기 위해서이다.

표 11-2 지방행정체제개편위원회 사무배분 기준(원칙)

구분	사무배분 기준(원칙)
국가 → 도	• 다수의 사무를 도에서 처리하고 극히 일부의 사무만 국가에서 수행하는 사무(시·도로 일원화) • 행정처리 결과가 2개 이상 시·군·구에 영향을 미치는 사무 • 시·도 단위로 동일한 기준에 따라 처리되어야 할 성질의 사무 • 시·도 단위로 통일성을 유지할 필요가 있는 사무 • 국가와 시·군 사이의 연락조정 사무 • 시·군의 통제와 평가에 관한 사무 • 사무의 기능이 전 시·군에 광범위하게 영향을 미치는 사무 • 시·군별로 배치할 수 없는 전문적 사무 • 광역적 규모의 경제하에서 처리하는 것이 효율적인 사무
국가 → 시·군	• 지방자치단체의 구역·조직·행정관리에 관한 사무 • 국가와 시·도의 지원이 필요하지 않은 사무 • 지역개발과 주민생활환경 시설에 관한 사무 • 시·군에 한정적으로 영향을 미치는 사무 • 시·군이 수행하는 것이 경제적이고 효율적인 사무

자료: 지방자치발전위원회 내부 자료.

표 11-3 지방자치단체의 종류별 사무(제8조 관련)

구분	시·도 사무	시·군·구 사무
지방자치단체의 구역·조직 및 행정관리 등에 관한 사무	법 제10조 제1항 단서에 따라 시·도와 시·군 및 자치구에 각각 공통된다.	
주민의 복지 증진에 관한 사무	• 주민복지 증진 및 주민보건 향상을 위한 종합계획 수립 및 지원 • 생활보호 실시에 따른 이의신청 심사 • 노인복지사업계획 수립·조정 • 주민건강의 증진에 관한 계획 수립 • 전염병 예방시설 설치 • 재단법인이 설치하는 묘지·화장장 및 납골당의 허가 • 공중접객업소의 위생 개선을 위한 종합계획 수립 • 폐기물 처리 기본계획 수립	• 주민복지 증진 사업계획의 수립·시행 • 생활보호대상자 조사·선정 • 노인복지사업계획 수립·시행 • 주민건강 증진 업무 세부계획 수립 • 전염병 예방접종 실시 • 매장·화장 및 개장신고와 묘적부 관리 • 공중접객업소의 위생 개선을 위한 종합지도계획 수립·시행 • 일반폐기물 처리 기본계획 수립
농림·상공업 등 산업 진흥에 관한 사무	• 농업용수 개발 사업계획 수립·조정 • 농림·축·수산물 생산사업의 지원 • 농기계·비료·농약 등 농업자재의 공급계획·시달 • 도 단위 복합영농사업 세부추진계획 수립·추진 • 농어촌 소득원 개발 기본계획 수립 • 지역산림계획 작성 • 가축 개량·증식·보호	• 농업용수 개발사업 추진 • 농림·축·수산물 생산 지원 및 관리 지도 • 농기계·비료·농약 등 농업자재의 원활한 공급관리 • 복합영농기획단 설치·운영 • 농어촌 소득원 개발 시행계획 수립 • 산림경영계획의 인가 및 변경명령 우량종축의 보급
지역개발 및 주민의 생활환경시설 설치·관리에 관한 사무	• 지역개발사업계획의 수립·조정 • 시·도 건설종합계획의 수립·조정 • 도로관리계획 수립 • 주거생활환경 개선계획 수립·조정 • 농어촌 주택개량 기본계획 수립·조정	• 지역개발사업계획의 수립·시행 • 시·군·자치구 건설종합계획의 수립·시행 • 시·군도 관리계획 수립·시행 • 주거생활환경 개선 실천계획 수립·시행 • 농어촌 주택개량 사업계획 수립·시행
교육·체육·문화·예술의 진흥에 관한 사무 • 유치원·초등·중·고등학교 및 이에 준하는 각종학교의 설치·운영·지도	• 유아교육 시행계획의 수립 • 공립의 고등학교, 고등기술학교, 특수학교와 이에 준하는 각종학교의 설립·경영 • 공·사립의 고등학교, 고등기술학교, 특수학교와 이에 준하는 각종학교의 지휘·감독 • 공공도서관·문고의 설립·운영 • 지방문화예술진흥위원회 설립·운영 • 지방문화예술단체의 설치·운영 등	• 유아교육 시행계획의 수립 • 공립의 고등학교, 고등기술학교, 특수학교와 이에 준하는 각종학교의 설립·경영 • 공·사립의 고등학교, 고등기술학교, 특수학교와 이에 준하는 각종학교의 지휘·감독 • 공공도서관·문고의 설립·운영 • 향토문화의 발굴·지원·육성 • 지방문화예술단체의 설치·운영

표 11-3　계속

구분	시·도 사무	시·군·구 사무
지역민방위 및 지방소방에 관한 사무	• 시·도 민방위계획의 작성 • 시·도 민방위협의회의 설치 • 민방위대 조직관리·지도 • 소방기본계획 수립 • 소방관서의 설치와 지휘·감독 • 소방력 기준 설정자료 작성관리 등	• 시·군·자치구 민방위계획의 작성 • 시·군·자치구 민방위협의회의 설치 • 직장민방위대의 편성 및 운영관리 • 민방위대 교육훈련

자료: 〈지방자치법 시행령〉(제28576호)[별표1].

　　결론적으로 말하면 국가사무는 국가에서 수행하고, 시·도와 시·군·구의 사무는 정확히 구분하여 수행하는 것이 바람직하다. 그러나 현실은 그러하지 못하다. 국가 차원에서 종합계획 등 기획조정을 하는 것과 동일하게 시·도 단위는 물론 시·군·구 단위에서조차 기획기능을 하고 있다. 이러한 행태는 바람직하지도 효율적이지도 않다.

　　일례로 국가 차원에서 추진하는 일자리사업은, 국가와 광역 및 기초 자치단체가 거의 동일한 사무를 동시에 추진하고 있다. 사무의 정확한 구분이 되기 위해서는 중복된 기능(사무)부터 삭제해 나가야 한다. 가장 심각한 것은 광역자치단체와 기초자치단체 사이의 업무 비효율과 중복이다. 국가사무와 지방자치단체의 사무는 일정 부분 중복이 불가피한 부분도 있다. 그러나 중복을 피할 수 있는 부분도 많다. 일자리사업은 중앙은 재정만 지원하고, 광역과 기초 자치단체는 지방비를 부담하여 사업을 추진하는데 중앙과 지방이 거의 유사한 구조이다. 이에 더해 지방자치단체의 자체재원으로 일자리사업을 추진하는 경우도 많다. 광역자치단체로 개편이 필요하다는 주장도 이런 점에서 광역자치단체로 개편하면 중복과 비효율을 상당 부분 해소할 수 있기 때문에 나온다.

3. 인구소멸과 학령인구 감소 대비

인구소멸은 피할 수 없는 숙명적인 과제임에 틀림없다. 이런 상황에서 지방 확충 방향으로 재정분권을 논하는 것은 의미가 없다. 앞으로 학령인구 감소 현상은 더욱 심화될 것이라는 것이다. 인구가 감소하면 학령인구도 당연히 감소할 수밖에 없다. 그런데 학령인구 감소에도 불구하고, 최근까지 내국세가 꾸준히 상승하여 지방교육재정교부금은 지속적으로 늘어났다. 게다가 교육 분야에서는 여전히 재정이 부족하다고 주장한다. 과연 현실이 그러한가? 지방 교육청과 일선학교를 방문해 보면 사실이 아니라는 것을 알 수 있다. 저속하게 표현하면 '쓸 데가 없어 고민'인 곳이 더 많다. 한국은 OECD 어느 국가와 비교해도 교육비 지출이 낮지 않다. 핵심은 '재원을 제대로 쓸 방안'을 찾는 것이다. 학령인구 감소에 따른 교육재원도 조정이 필요하다. 초등학생 수는 2020년 268만 명에서 2060년 178만 명 수준으로 감소가 예상된다. 중학생 수도 2019년 127만 명에서 2060년 87만 명으로, 고등학생 수도 2022년 121만 명에서 2060년 84만 명으로 감소될 것으로 보인다. 학급당 학생 수는 2010년 대비 2017년에는 유치원 2.0명, 초등학교 4.3명, 중학교 7.4명, 고등학교 5.5명이 감소하여 중·고 등학생의 감소폭이 가장 크다(정성호, 2018).

4. 지방재정과 교육재정 통합(합리적 조정)

　　교육재정의 책임성을 부여하기 위해 일반지방재정과 교육지방재정의 통합이 필요하다. 재정분권의 핵심인 자율성과 책임성을 담보로 한 건전한 재정 운영을 위해 꼭 필요한 과정이다. 지금까지는 재정분권을 논의하면서 재정 확충에만 관심을 둘 뿐, 두 재정의 통합은 논의되지 않았다. '인구소멸 및 학령인구 감소에 대응하는 재정분권'에 이어, '지방재정과 교육재정이 통합된 재정분권'이라는 과제에 대해서도 논의가 필요하다. 교육자치도 예외일 수 없다. 현재 교육 분야(교육부)에서 주장하는 교육자치는 재정분권과는 거리가 멀다. 교육은 백년지대계(百年之大計)라며 "돈만 주고 간섭은 하지 마라"는 주장은 지방자치도 아니고 재정분권도 아니다.

　　교육 분야는 지방자치단체의 고유 기능이다. 지방재정과 교육재정의 통합을 위한 사회적 합의가 필요하다. 외국에서 교육기능은 지방정부의 고유 사무이다. 즉, 지방자치단체와 교육자치단체(기능)가 분리 운영되는 사례는 찾아볼 수 없다. 일반지방재정과 교육재정이 구분된 나라는 한국뿐이다. 한국도 지방자치법에는 교육자치를 지방사무로 구분하고 있다. 그러나 현행 교육자치는 17개 교육청 단위(광역)를 포괄범위로 하고, 지방정부와는 별개로 운영되고 있다. 이는 교육만의 자치이지 지방분권의 자치는 아니다. 부연하면 재정지출 중 교육 분야의 자치일 뿐 지방분권적 차원에서 지방정부의 자율성을 전제한 자치는 아니라는 말이다.

　　지금과 같은 지방자치와 교육행정의 분리는 지방자치제가 도입되면서, 중앙집권적으로 운영되던 교육행정이 지방교육청 단위로 기능을 이관하는 과정에서 발생한 것이다. 중앙집권적 교육행정이 지방자치제와 부적절한 방식으로 결합했다. 그 결과 지방교육자치단체의 재정운영에 책임성은 없고 자율성만 늘어난 상황이 됐다. 이러한 구조적 문제가 잘못된 교육자치를 주장하게된 근본적 원인인 셈이다.

'교육자치'라는 논거로 교육청(교육자치단체)의 자율성만 주장하는 것은 적절치 않다. 교육을 지방사무로 하고 재정책임성을 어떻게 담보할 것인지에 대해 논의할 필요가 있다. 진정한 의미의 교육자치는 개별 지방자치단체와 연계해 운영되는 것이다. IMF 등 국제 기준에 의하면 지방재정에 지방교육재정을 포괄하도록 규정하고 있다.

교육자치라는 명분하에 지방자치 일반재정에서 분리되어 운영되는 교육은 효율성은 물론 책임성 측면에서 타당하지 않다. 교육 행·재정을 지방자치단체로 일원화(통합)하는 것은 장기적 관점에서 재정분권과 궤를 같이해야 한다. 언론을 통해 "교육재정이 부족하다"는 말을 수도 없이 들어 왔다. 그런데 교육재정 부족에 대한 한탄은 과연 사실일까? 자세히 들여다보면 사실이 아님을 알 수 있다. 한편에서는 "교육재정교부금 사용은 땅 짚고 헤엄치기"라는 우스갯소리가 돌기도 한다. 게다가 지방자치단체 스스로가 학교교육 과정 운영을 지원하고 있다. 이 같은 상황은 '헌법'은 물론 '지방교육자치에 관한 법률'에서 명백히 규정하고 있는 입법취지(별도의 거버넌스 체계)에도 위배된다.

광역시·도와 시·군·자치구는 교육비특별회계로의 전출금 이외에도 지방교육재정교부금법 제11조 제6항에 근거하여 각급 학교에 교육경비(교육경비 보조에 관한 규정 제2조, 시·도는 2007년부터, 시·군·구는 1996년부터)를 보조하고 있다. 한편, 교육부가 일선학교 등에 특별재정교부금을 지원할 경우, 지방자치단체에도 지방비 부담(교육부 지침, 특별교부금운용기준)을 강제해 지방자치단체의 재정을 압박하는 수단이 된다. 지방자치단체의 입장에서는 비용부담만 강요될 뿐 이에 관한 권한은 전무한 실정이다. 그러므로 교육재정이 부족하다는 진단은 사실이 아니다(정성호, 2018).

5. 재정지원 없는 권한위임 축소

한국에서는 재정지원 없는 권한위임(unfunded mandate) 사례를 흔히 볼 수 있다. 중앙정부가 결정한 정책임에도 필요한 재원을 지자체에 떠넘김으로써 재정부담을 전가하는 경우가 대표적이다. 지방재정이 열악해진 것도 이와 무관하지 않다. '누리과정' 시행의 갈등은 하나의 예가 될 수 있다. 중앙정부에서 결정한 정책이지만, 정책의 집행을 위해 지방자치단체에 재정부담을 떠넘겼다. 한국의 지방자치단체들은 감히 엄두를 못 내지만, 미국의 경우라면 기관소송이 진행되었을 것이다.

사무는 지방자치단체에 이양하지만 재원은 이양하지 않는 것도 마찬가지이다. 재원 없이 일을 위임함으로써 지방재정에 압박을 가하게 된다. 대통령직속 지방자치발전위원회는 2017년까지 〈일괄이양법〉의 추진과 이양에 따른 재정부담을 협의했지만 큰 소득은 없었다.

과거 미국에서도 연방정부가 확장적 재정정책을 펼치면서, 지방정부로의 '재정지원 없는 권한위임'이 증가해 사회 문제로 부각된 적이 있다. 연방정부가 정책을 수행하면서 법령을 통해 규제를 하면 지방정부는 이에 따른 비용을 지불해야 했다. 결국 연방의 추가적인 통제나 다름없었다.

대표적으로 뉴욕주와 연방정부 간 소송(New York v. US)에서 재정지원 없는 권한위임에 대한 논쟁이 있었다. 이 문제가 더욱 구체적으로 논의된 것은 미시간주 정부와 던컨학교(Michigan v. Duncan)의 소송이다. 2001년 공교육의 폐해를 해소하는 정책의 일환으로 낙제학생방지정책(No Child Left Behind Act of 2001)이 마련되었다. 이 정책에 의하면 연방정부로부터 재정지원을 받는 학교는 주 단위로 학업성취도 평가를 하고, 평가에서 개선된 결과가 없을 시 '부진아 개인지도 프로그램', '우수교사 고용' 등 교육의 질을 높이는 조치가 행해져야 했다. 그런데 소송에서 폰티악(Pontiac) 학군은 낙제학생방지법을 이행할 필요가 없다고 주장하며, 그 논거로 연방정부가 충분한 재정지원을 하지 않았기 때문이라고 밝혔다. 하지만 법원은 불충분한 연방정부의 재정지원이 이들 위임을 불응할 만한 유효한 사유가 될 수 없다고 판결했다.

대다수의 재정학자들은 연방정부의 위임 취지에는 동의하지만, 지방정부가 그 정책을 수행하기 위해서는 비용이 수반되기 때문에 그 방식에 대해서는 반대 입장을 취했다. 1995년 이미 재정재원 없는 권한위임개혁법(Unfunded Mandate Reform Act)이 제정되기도 했다.

앞서 지적한 대로 오늘날의 중앙정부는 다양한 복지 서비스를 제공하는데 재정지원에는 소극적이다 보니 지방자치단체로서는 재정부담만 가중된다. 이런 조건에서는 권한이 이양되더라도 지방자치단체가 권한과 책임을 다하기 어렵다. 한국의 경우도 중앙정부가 재정지원 없이 지방자치단체에 사무를 이양하는 일이 문제가 되고 있다.

권한과 책임을 다하기 위해서는 재정지원이 필요하다. 현재 지방자치단체로서는 중앙정부의 재정지원 없는 권한 위임에 거부할 명분도 없거니와 거부를 한다 해도 상당한 제한이 따른다. 따라서 새로운 관점에서 재정지원 없는 권한 위임을 근본적으로 해결할 방안을 모색해야 할 것이다.

제 12장

포괄적 부채관리
(지방정부 부채관리를 넘어)

제 **12**장

포괄적 부채관리
(지방정부 부채관리를 넘어)

- 누구의 잘못이 더 클까?

지방정부 (only)
도덕적 해이

1. 포괄적 부채관리가 답이다

재정건전성 강화는 관심사가 되기에 충분하고 의미 있는 의제이다. 우리
나라는 전통적으로 광역시·도 위주로 재정이 배분되고 있다. 이 또한 중앙집
권적 재정구조의 부산물이다. 아직도 과거의 관행에서 크게 벗어나지 못한 채
중앙정부가 지방정부에 군림하듯, 광역시·도 또한 기초자치단체 위에 군림한
다. 세수 여건 등을 고려해 볼 때 일반적으로 재정 여건이 건실할 것이라 판단
되는 광역시·도의 부채가 시·군·자치구보다 오히려 급증하고 있다. 광역시·
도 단위의 재정건전성 악화는 지역경제의 성장과 분배의 걸림돌로 작용할 개
연성이 크다. 따라서 재정지출의 효율성은 높이고 낭비는 줄여야 한다. 다만
그 과정이 그리 녹록치 않을 것인바, 소위 포괄적 부채관리 노력이 절실하다

고 할 수 있다.

　최근 중앙정부의 채무 증가가 이슈화되고 있는 가운데, 지방정부의 부채 증가도 이와 별반 다르지 않다. 특히, 특·광역시·도 단위의 채무가 크게 증가하고 있다. 지방정부의 일반채무도 문제이지만, 더욱 중요한 문제는 산하 공기업의 부채와 민간투자사업(BTO, BTL) 추진 등으로 늘어난 잠재부채이다. 이렇듯 지방공기업(예: 도시개발공사, 시설공단 등)을 통한 사업과 민간투자 방식 사업의 지속적이고 확대 추진은 재정부담을 가중시킬 가능성이 매우 크다. 특히, 지방공기업의 부채 증가는 지방재정에 부정적 영향을 미칠 우려가 큼에도 지방정부에서 직접 관리 대상 채무로 계상되지 않고 있다. 왜냐하면 국제적 기준(GFS 2001)에서 공기업 부채는 재정통계에서 제외되기 때문이다. 문제는 공기업의 재정구조가 자본 중심에서 부채 중심으로 변화되고 있고, 금융성 부채를 중심으로 크게 증가하고 있다는 것이다.

　또한 민간자본을 유치하기 위해 도입된 민간투자사업(BTL, BTO)은 실제로는 채무의 성격을 지니고 있지만 지방채무의 범위에서 제외되고 있다. 다만, 기획재정부에서 민간투자사업 실적을 관리하고 있지만 체계적이지는 못한 듯하다. 이에 편승하여 지방자치단체장들은 재정사업으로 추진해야 할 사업을 BTL 등 민간투자사업 방식으로 추진하고 있어 잠재적 부채는 지속해서 증가하고 있다. 따라서 "지방정부의 재정건전성을 제고하기 위한 포괄적 부채관리"가 필요하다.

　최근 성남시가 지급유예를 선언한 이래 일부 지방정부가 재정위기 단체로 지정되어야 하는 것은 아닌가 하는 등의 논의에 관심이 증폭되고 있다. 재정배분구조의 현실을 감안해 볼 때 상대적으로 재정 여건이 상대적으로 좋은 광역시·도 단위의 재정건전성이 악화되고 있다는 점은 문제이다. 불과 몇 년 전, 인천광역시, 태백시 등의 지방정부가 사실상 재정위기 단체로 지정되었어야 함에도 정부의 입장은 여전히 답보 상태였다. 재정건전성 강화가 중요한 만큼 정부가 재정사전위기경보 시스템 등 다양한 제도 도입을 추진하고 있지만 기능적 측면에서 볼 때 미온적인 대처라고 판단된다.

Groves와 Valente(2003)에 의하면 재정 상태는 환경적·조직적 그리고 재정적 요인 등 종합적 영향 요인에 의해 결정된다고 본다. 환경적 요인은 인구, 빈곤층 비율, 재산가치 등 경제적 요소와 연관되며 외부 환경 요인이 재정 상태에 영향을 미친다. 조직적 요인은 관리방식이나 정책적 과정을 중시하기 때문에 재정규율을 수립하여 환경 변화 등에 적절히 대응할 수 있어야 한다. 최근 우리나라에서도 재정준칙 도입 등에 관한 논의가 있었는데, 이와 같은 맥락으로 이해할 수 있다. 또한 재정적 요인은 수입, 법적 의무경비 등으로 지방정부의 예산에 영향을 미치는 제약 요인이라 할 수 있다. 함축하면, 재정 상태는 "회계 측면의 현금지불능력, 예산 측면의 예산지불능력과 장기지불능력, 서비스 제공 측면의 서비스 지불능력이 현저하게 악화하는 상태"로 수지불균형 등은 재정압박으로 이어지고, 이에 적절히 대응하지 못하면 지불능력의 한계에 도달할 수 있다. 재정적 요인 가운데 단기적 측면에서 '현금지불능력'은 단기 채무에 대한 현금조달능력을 의미하고, '예산지불능력'은 회계연도 내 적자를 내지 않고 수입을 창출할 수 있는 것을 의미한다. 또한 장기적 측면에서 연간 예산서상 지출뿐만 아니라 연금 등 장래비용의무를 부담할 수 있는 능력을 의미한다.

산하 공기업으로 부채 떠넘기기는 막아야 …

지방정부의 재정건전성 악화도 문제이지만 더욱 문제는 지방정부가 행정 자산을 산하 공기업에 증여하여 공기업의 순자산을 증가시킨 후 이에 상응하는 공사채를 발행해 건전성을 악화시켰다는 것이다(인천광역시의 사례). 이처럼 공기업의 남설(濫設)과 공기업을 통한 지방정부의 정치적 개입이 재정 상태 악화의 주범이다. 한편, 공기업의 자율적인 책임경영 미확립과 방만한 재정운영이 사회적 문제라고 인식하기도 한다(박정수, 2011). 민간투자사업 추진으로 발생한 잠재부채 증가는 동일 맥락에서 이해해도 무방할 것으로 판단된다.

우리나라는 2005 회계연도부터 지방재정과 지방교육재정까지 포괄하는 통합재정통계를 활용하고 있다. 하지만 공기업 부채는 재정통계에서 제외되기 때문에 문제 인식에서 도외시되는 경향이 있다. 더 큰 문제는 민간투자사업이 지속해서 확대되고 있어 재정부담 요인으로 작용하고 있음에도 제어할 시스템이 없다는 점이다. 한편, 일본은 기존의 재정분석에서 제외되었던 특별회계, 공기업회계, 외곽단체까지를 포함하는 종합적인 재정 상황을 검토하고 있다(허명순, 2011). 2016년도부터 행정안전부는 〈지방재정법〉에 근거하여 '지역통합재정통계'를 산출하고 있다. 하지만 통합재정통계의 기본 맥락을 잘못 이해하고 있는 듯하다. 다시 말해, 지방정부 전체를 총망라하면 되는 것으로 이해하고 있는데, 명확한 준거 기준이 필요해 보인다. 더 나아가 실제로 통합재정통계가 실제로 활용될 수 있도록 정보가 생성되어야 한다.

하수도 정비사업 추진하다 파산 신청 …

2011년 미국의 앨라배마주 제퍼슨 카운티는 하수도 정비사업[1] 과정에서 공사비 조달을 위해 30억 달러의 지방채를 발행하여 사업을 진행하였다. 세계 경제 침체가 지속하면서 지방채 금리가 크게 치솟게 되고 결국 이에 따른 지불 비용 증가가 파산(Chapter 9) 신청의 근본 이유였다. 이렇듯 민간투자사업으로 인한 잠재적 파산은 우리나라도 예외는 아닐 것이다. 따라서 공기업을 활용한 재정사업 추진(일종의 부채전가, 재정착각의 요인), 무분별한 BTL사업 추진을 제어 할 시스템이 필요하다는 점을 시사하고 있다.

지방정부의 포괄적 부채관리는 거시재정 관점에서 지방정부 내부예산범위(일반회계, 기금회계, 기타특별회계, 지방공기업특별회계)에 산하 공기업(SH공사 등)의 부채와 민간투자사업으로 인한 부채를 포괄하여 관리해야 한다는 것이다. 이렇듯 포괄적 부채관리가 필요한 근본적인 이유는 지방정부(예, 인천시)가 도시공사로 하여금 자치단체의 사업을 떠맡아 추진하게 하기도 하고, 무리한 사업비 차입을 위해 수익처분이 불가능한 행정재산을 지방공사에 편법으로 현물을 출자하여 도시공사의 순자산을 부풀리고 그만큼 공사채를 더 발행하기도 했기 때문이다. 또한 대부분의 지방정부가 재정사업으로 추진해야 할 사업을 민간투자사업 방식으로 추진하여 잠재적 부채를 증가시키고 있다. 다시 말해, 지방정부의 부채가 한도(또는 임계치)에 도달하면 지방채 발행이 제한받게 된다. 이때 지방정부는 지방공기업을 활용한 사업 추진(민간투자사업 포함)을 하게 된다. 예컨대, 지방정부 내부예산범위의 제한이 가해지면 산하 공기업을 활용한 사업 추진과 민간투자사업을 추진한다는 것이다. 또 다른 하나의 경로는 지방공기업의 부채마저 주의(400% 초과) 기준에 해당하면 민간투자사업 방

---

1 현재 우리나라 지방정부들이 공통적으로 '하수관거 정비사업'을 추진하고 있는데, 이 사업들은 BTL방식으로 추진되고 있다.

식으로 사업을 추진할 수밖에 없다. 왜냐하면 지방정부가 지방채를 발행하지 않아도 되고 부채로도 계산되지 않기 때문에 지방자치단체장은 일거양득인 셈이다.

인천광역시, 용인시 등에서 지방재정, 공기업, 그리고 민간투자사업 간 관계 측면에서 이미 부정적 사례가 목격되고 있음에도 이를 제어하기 위한 대안은 제한적이다. 그러한 가운데 정부는 작동도 되지 않는 '지방재정위기 사전경보 시스템' 등을 도입하면 이를 통제할 수 있다는 근시안적 통념을 가지고 있는 것처럼 보인다. 이것은 일종의 외적 정당성만 추구한 것에 불과하다. 즉, 제도의 도입이 만병통치약은 아님을 간과해서는 안 된다. 최근 들어 자율재정의 규모가 큰 광역시·도의 부채관리가 중요하게 인식되고 있다. 이미 설명한 바와 같이 지방정부의 일반채무 관리는 다소 한계를 드러내고, 산하 지방공기업의 부채는 지방재정에 부정적 영향을 미칠 개연성이 큼에도 직접적인 관리 대상 채무가 아니므로 적절한 관리가 되지 않고 있다. 더욱이 재정사업으로 추진해야 할 BTO·BTL 사업이 지속해서 추진되고 있어 부채가 많이 늘어나고 있다. 그럼에도 대부분 지방정부들이 민간투자사업을 관행으로 여기고 있다는 점은 문제로 여겨진다.

2. 부채를 줄이기(숨기기) 위해 공기업이나 민간투자사업 추진

지방정부의 일반채무가 증가할수록 공기업을 활용하거나 민간투자사업 방식을 활용하기 때문에 잠재적 부채는 지속해서 증가할 가능성이 크다. 또한 공기업의 부채가 증가할수록 민간투자사업으로 인한 잠재부채가 증가하기 때문에 부채 증가의 경로(일반채무 → 공기업부채, 일반채무 → 민간투자사업의 부채, 공기업부채 → 민간투자사업의 부채)를 차단할 필요가 있다(Jeong, 2018). 첫째, 광역시·도의 일반채무 증가 요인을 줄여 나가야 할 것이다. 이를 위해 지방채 발행 예외 조항의 한계를 치유해야 하고, 일반채무의 규모에 따른 공기업부채를 제한하는 것과 투·융자 심사를 강화하고 사업별 실명제를 도입할 필요가 있다(정성호, 2013). 둘째, 산하 지방공기업의 체계적인 부채관리가 필요하다. 도시공사 내부의 방만한 경영을 제어하기 위한 제반 조치와 지방정부가 우월한 지위를 이용하여 사업비를 부당 전가하거나 편법 현물출자, 목적 외 사용 등에 관한 행정안전부 등의 지속적인 지도·감독·감사가 요구된다(정성호, 2011). 셋째, 민간투자사업으로 인한 잠재적 부채관리가 시급하다. 특히, 재정사업으로 추진해야 할 자본투자사업들이 BTL 등으로 추진되고 있는데, 이는 근본적으로 채무로 인식하지 않기 때문에 지방채를 발행하지 않고서도 사업을 쉽게 추진할 수 있기 때문이다. 따라서 BTO와 BTL 사업을 부채에 산입하는 조치는 물론 공기업부채를 기준으로 하여 민간투자사업 규모를 제한하는 것도 하나의 대안일 것이다.

이제 지방정부의 부채도 그리 안심할 수 없다. 일부의 시각이지만 중앙정부에 비해 지방정부는 비교적 안정권에 있다고 한다. 그 말도 그리 틀린 말은 아니다. 하지만 지방정부들이 재정사업을 추진하기 위해 산하 공기업을 지속적으로 활용하고 있고, 더 나아가 비교적 통제가 적은 민간투자사업을 지속적으로 확대하고 있다는 점은 경계할 필요가 있다. 왜냐하면 지방정부에서는 조세가격기능이 전혀 작동하지 않기 때문이다.

제13장

시스템 망국에서 탈피

제 **13** 장

시스템 망국에서 탈피

▪ 누구의 잘못이 더 클까?

중앙정부	>	**지방정부**
중앙관서의 장(대부분)		단체장(일부)

---

1. 무분별한 시스템 구축

시스템 구축이 문제해결에 기여하지 못한다

정부는 다양한 이유(예, 부정수급, 회계부정 등)에 근거하여 재정관리 시스템[1]을 구축하고 있다. 시스템 구축의 명분이자 원래 목적을 달성하려면 부정수급은 막을 수 있어야 한다. 지금도 부정수급 문제를 이야기하고 있는 것을 보면 시스템의 문제는 아닌 듯하다. 한 가지 화두를 던지면, 시스템만 구축하면 문제가 해결되는가? 그 답은 '아니오'가 정확한 답변일 것이다. 업무효율화 측면도 있을 것이다. 다만 일부 시스템(LOBAS 등)은 편의성 등의 문제로 아예 사용조

---

1 여기서 시스템이란 재정관리 시스템을 의미한다. 지방정부가 활용하는 대표적 시스템은 e-호조(hojo), 행정정보관리 시스템(광역 포털), 새올(기초 포털), LOBAS(지방공기업 포털), 지방세 시스템 등이며 아주 다양하다.

차 하지 않고 있는 실정이다. 어찌 보면 정부는 현안 문제에 대응하고 있다는 외적 정당성만 추구하고 있는 것이다.

시스템 망국이라 할 수 있다

한국은 시스템 강국인가, 시스템 망국인가? 저자의 견해로는 시스템 망국 (亡國)에 아주 가깝다. 정부는 전자적으로 업무를 처리하기 위해, 또는 전자적으로 업무방식을 새롭게 하기 위해 시스템을 구축하여 활용한다. 정부의 시스템 구축·활용은 두 가지 관점에서 특이한 점이 있다. 첫째는 모든 시스템에 적용되는 매우 발달된 일반법 체계를 갖추고 있다는 점이고, 둘째는 개별 시스템 구축을 위한 법률 규정이 많다는 점이다.

정부 시스템에 관한 일반법은 〈국가정보화 기본법〉과 〈전자정부법〉이 있다. 국방 분야는 별도의 〈국방정보화 기반 조성 및 국방정보자원 관리에 관한 법률〉이 있다. 생각해 보면, 정부의 업무수행방식 자체가 '법률'의 규율 대상이 된 경우는 많지 않다. 근대국가에서 법률은 한 사회의 종합된 의사라고 할 수 있다. 정부가 어떤 방식으로 업무를 수행할지에 대한 원칙과 이를 구현하는

왜 시스템 망국이라 할 수 있나?

시스템만 구축하면 모든 것이 해결되나? 이는 어불성설이다. 그도 그럴 것이 지방정부에서 세금횡령 사건이 발생하면 시스템을 만들어 이를 막겠다고 한다. 2000년대 초반 부천시에서 세금횡령사건이 발생했다. 그래서 부천시가 e-호조의 이전 버전인 LADI 시스템 시범구축 단체로 선정되었는지는 모르겠으나 하여간 시범사업의 대상이 된다. 시스템 구축(e-호조가 됨) 후 몇 년이 지나지 않아 여수에서 또 다른 횡령사고가 발생하고 말았다. 문제가 생기면 시스템을 만들었을 뿐 그 시스템의 효과(과대 포장된 측면이 적지 않음)는 그리 중요하게 여기지 않았다. 이러한 행태가 지금도 만연한 실정이다(국가나 지방이나 동일). 이쯤되면 시스템 망국이라 해도 크게 무리가 없다.

권한과 절차를 별도의 법률로 정한 예는 〈청탁금지법〉이나 〈정부광고법〉 정도를 들 수 있다. 전자는 정부가 부정한 청탁의 영향을 받지 말아야 한다는 취지를 담고 있고, 후자는 정부가 광고에 돈을 너무 함부로 쓴다는 반성을 담고 있다.

곰곰이 생각해 보면, 정부가 업무를 처리할 때 효율적으로 하여야 한다거나, 투명하게 하여야 한다는 등의 업무'방식' 자체를 별도의 법률을 정한 예는 대단히 드물다. 물론 정부의 회계책임성(설명책임), 투명성을 제고하기 위해 〈공공기록물관리법〉이나 〈정보공개법〉이 있다. 행정에게 요구되는 '공정성', '투명성', '신뢰성'을 위해 모든 행정에 대해 공통적인 사항을 정한 〈행정절차법〉이 있지만, 이 법률들은 모두 정부가 국민과의 관계에서 책임과 의무를 담보하는 법률들이라고 할 수 있다. 이처럼 정부의 업무방식을 정하는 법률 자체가 많지 않고, 설령 있더라도 국민을 위한 책무를 담보하기 위한 법률인 반면, 정부가 시스템을 구축하는 것에 관한 일반법인 〈국가정보화 기본법〉과 〈전자정부법〉은 정부 스스로가 시스템을 만들어 쓰는 근거로서의 성격이 강하다. 정부가 세종청사에 공기청정기를 들여놓으려고 법률을 만들지는 않는다. 정부가 사용하는 설비, 기자재를 조달하여 사용하는 일반법에 이미 절차와 원칙이 있어서 이를 적용할 대상이 바뀔 뿐이다. '시스템'은 다르다. 여기서는 정부가 좋은 시스템을 구축하고 연계하고 고도화하기 위한 별도의 법률들이 있는 것이다.

2. 토건국가의 문제가 시스템 구축에 고스란히 녹여져 있다

국가정보화 초기, 전자정부사업 초기를 생각해 보면 이른바 강력한 '추진
체계'가 필요했다고 할 수 있다. 정보화나 정부의 전자화가 낯설 때는 그랬을
것이다. 시스템은 민간의 정보까지 다루기 때문에 법률이 필요하다고 할 수 있
다. 법적으로는 민간의 정보를 시스템으로 다루든 종이로 다루든 정부와 민간
의 개인정보 활용 관계가 본질적 문제이지 '시스템'이라는 방식의 문제와는
구분된다. 이러한 배경과 맞물려 시스템을 새로 구축하기 위해 다양한 영역의
법률에서 'ㅇㅇ장관은 ㅇㅇ를 하기 위해 정보 시스템을 구축·운영할 수 있
다' 또는 '… 하여야 한다'와 같은 조문을 흔히 볼 수 있다. 여기에는 무엇인가
이상한 점이 있다. 생각해 보면 법률에서 정부에게 무엇인가 하라고 할 때, "필
요한 건물을 지어야 한다"거나 "필요한 책상도 갖추어 써야 한다"와 같은 조
문을 굳이 쓰지 않는다. 그렇지만 '시스템'은 별도의 조문을 두는 것이 오히려
일반적이다. 정부의 '시스템'에 관한 이런 특이한 법 제도의 모습과 겹쳐지는
것이 이른바 '토건국가' 문제이다. 토목·건설과 그 경제적 효과 자체는 가치
중립적이다. 토건이 '한강의 기적'에서 뺄 수 없는 역사적 경험인 것도 사실이
다. 문제는 토건을 활용한 경제성장정책의 기조가 경제구조의 질을 간과한 것
이다. 공적 단위 결정 대비 정부 예산부담비율이 상대적으로 매우 큰 '공사'가
해당 결정 권한을 가진 공무원에게 권력이 되고 권력은 곧 유혹이 되었던 역사
적 경험이 문제가 된다.

'시스템 구축·활용'을 위한 수많은 법률적 노력은 이와 같은 토건경제의
방식을 반복하려는 무의식의 발로가 아닌지 싶은 것이다. 더욱 우려되는 이유

는 경제사에서 토건경제의 이른바 '거품'이 얼마나 위험한 것인지를 되새길수록 눈에 보이지 않지만 비슷한 방식으로 정부 재원을 쏟아붓고 있는 시스템 '공사(구축)'의 현장이 더욱 위태롭게 보이기 때문이다. 결국 정부는 일부 이해관계자 또는 민간 시스템 구축업체에 포획된 것이나 마찬가지이다.

민간업체가 공공부문 데이터를 관리해도 되나?

또 한 가지 생각해 볼 문제는 민간업체가 정부 데이터를 만져도 되나? 최근 All#이라는 ERP가 조달청을 통해 공공 부문에 조달되고 있다. 이는 공무원의 무지에서 비롯된 처사이다. 기존의 시스템을 활용하면 충분함에도 불구하고 별 관심이 없다. 하나의 시스템을 만들더라도 잘 만들어서 연계활용해야 한다. 하지만 근시안적 처방으로 개별 시스템이 난무하고 있다. 지금도 어디선가에서는 시스템을 구축해야 한다고 주장하고 있고, 또한 구축되고 있는 현실이다. 결국 한국은 시스템 망국이라 할 수 있다.

과업지시서와 별개인 시스템 구축

이제 하나의 사례를 반면교사로 살펴보자. 과거 LADI(e-호조의 전신) 개발 과정에서 활동정보회계(AIA)가 도입되었다. 엄청난 성과(부가가치)가 있었음에도 이내 사장되어, 과거의 방식인 '차변 및 대변'으로 회귀하고 말았다. 성과관리 및 원가관리는 요원해졌다. 그런데 정부는 시스템을 통한 성과관리, 원가관리가 가능하다고 혹세무민하고 있다. 기가 찰 노릇이다. 한국은 IMF 위기를 경험하면서 재정개혁[2]의 일환으로 발생주의 회계 기준을 도입하고, 발생주의 회계

2 재정개혁의 전반은 Jeong and Kang(2019)을 참고하라.

정보를 관리하기 위해 재정관리 시스템(이하, e-호조)을 구축하였다. 특히, e-호조 개발(구축) 당시 직접법 현금흐름표 작성은 법률에 규정되었다. 구축 후 시범운영 당시에는 e-호조에서 직접법 현금흐름표 작성이 가능했다. e-호조에서 직접법 현금흐름표 작성은 세계적으로 찬사를 받기에 충분했다.[3] 이는 AIA 원리를 채택한 결과이다. AIA원리는 기존의 '차변 : 대변'의 분개 논리에 기초한 계정과목 입력방식이 아니라 '활동 : 자원'의 활동정보회계 원리에 기초한 활동 입력방식이다. 활동기록의 또 다른 이점은 활동기준원가(activity based costing: ABC) 산출이 가능했다. 아이러니하면서 비극적이게도 2단계 사업 추진 과정에서 정부(현, 행정안전부)의 재정관리 시스템은 구축기업 및 일부 회계학자의 지대추구로 직접법 현금흐름표가 사장되고 말았다.[4] 아울러 행정활동원가(ABC) 계산기능마저 삭제되고 말았다.

함축하면, 이해관계자들의 지대추구(또는 포획이론)[5]로 인해 엄청난 국가적 자산이 될 수 있었던 AIA 원리를 채택한 LADI(local government accrual accounting and double-entry information)가 자동분개 시스템을 채택한 LADI로 둔갑하게 되었다. 따라서 현재까지 회계지식이 없는 공무원이 불필요한 분개교육(차변 및 대변)에 시간을 낭비하고 있다.

AIA 원리는 발생하는 모든 활동에는 그에 상응하는 자원의 유입(또는 유출)

---

3 최초 직접법 방식의 로직 설계는 서원교인데, 그는 당시 AIA에 관한 국제특허를 여러 개 갖고 있었다. 복식부기 대안 원리로 AIA 원리는 복잡하고 힘든 분개를 거치지 않아도 시스템이 자동으로 처리해 주며, 실시간으로 회계 정보를 분석 파악할 수 있다(서원교, 2008).

4 이와 관련하여 법적 다툼이 있었으며, 진실은 침몰하지 않았다(서원교, 2008 참고).

5 지대추구(rent seeking)란 정부가 선별적 허가나 정책에 의해 인위적으로 만들어 내는 독점 또는 배타적 이익(지대)을 얻기 위해 개인이나 기업이 정부에 대해 행하는 로비활동으로 인한 낭비적 자원을 말한다. 포획이론(capture theory)은 정부가 특정 집단(주로 이익집단)에 사로잡히는데, 뇌물이 아니라 전문성이나 정보에 포획되는 것이다.

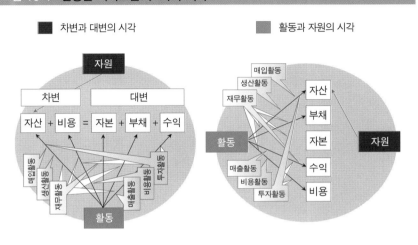

그림 13-1   활동을 바라보는 두 가지 시각

자료: 서원교(2013),《활동중심 IFRS 회계원리》.

이 동반된다는 점에 기초하여 '활동 : 자원'의 대응원리에 의해 활동을 기록하는 방식이다. 활동에는 그에 대응되는 자원이 있다. 즉, 구입활동을 수행하면 그에 대응하는 자원을 유출하여야 하고(자원의 감소), 매출활동을 수행하면 그에 상응하는 자원이 유입된다(자원의 증가). 또한 투자활동을 수행하면 그에 대응되는 자원을 유출하여야 하고(자원의 감소), 차입활동을 수행하면 그에 대응되는 자원이 유입된다(자원의 증가).

　활동이 발생하는 시점에 담당자가 '자산 = 부채 + 자본'의 등식과 활동에 해당하는 계정과목들을 차변과 대변의 해당되는 위치에 귀속시키는 것을 생각하기는 쉽지 않다. 반대로 어떤 활동을 수행하였고 그 활동에 대가로서 어떤 자원이 얼마나 증가(또는 감소)하였는지 생각하는 것은 그리 어렵지 않다. 이렇

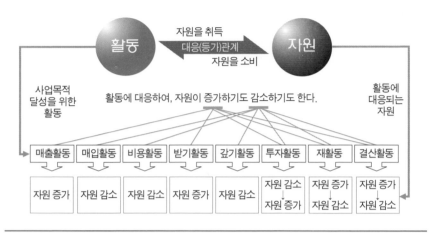

그림 13-2 활동의 발생과 자원의 증감 대응

| 활동 | → 자원을 취득 대응(등가)관계 ← 자원을 소비 | 자원 |

사업목적 달성을 위한 활동

활동에 대응하여, 자원이 증가하기도 감소하기도 한다.

활동에 대응되는 자원

매출활동	매입활동	비용활동	받기활동	갚기활동	투자활동	재활동	결산활동
자원 증가	자원 감소	자원 감소	자원 증가	자원 감소	자원 감소 자원 증가	자원 증가 자원 감소	자원 증가 자원 감소

자료: 서원교(2013), 《활동중심 IFRS 회계원리》.

듯 AIA 원리는 차변 및 대변의 원리 등 특별한 공식을 숙지하거나 원리를 학습할 필요가 없다. 특히, AIA 원리를 재정관리 시스템에 구현한다면 담당자가 자신이 수행한 활동을 직접 회계처리할 수 있다. AIA 원리는 활동의 8요소라고 부르기도 한다. 활동의 8요소는 분개원리의 거래 8요소와 유사하지만, 계정의 기록은 차변 및 대변에 고정하지 않고, 활동을 중심으로 하여 활동 및 계정에 해당하는 계정과목을 매칭시킨다. 거래는 외부 경영조직을 상대로 수행하는 외부활동이다. 그럼에도 분개원리의 거래 8요소는 거래의 명칭이 전혀 나타나지 않으며 단지 계정의 증감의 짝짓기에 불과하다. 엄밀히 말해, '거래의 8요소'는 '계정증감 대응의 8요소'라 표현하는 것이 더 정확하다. 진정한 의미에서 거래의 8요소라 하려면 거래(활동)에 나타나 있으며 활동이 중심이 되어 구성된 AIA 원리에 의한 활동의 8요소가 되어야 할 것이다.

그림 13-3 활동과 자원 기록을 통한 회계보고서 작성

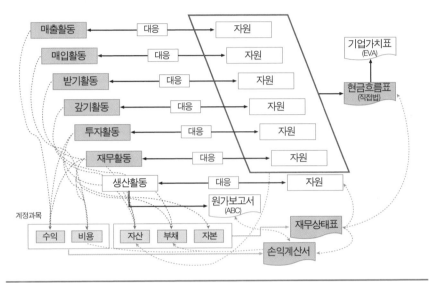

주: 재무상태표는 재정상태표를 의미하고, 손익계산서는 재정운영표를 의미함.
자료: 서원교(2013), 《활동중심 IFRS 회계원리》.

AIA 원리에 기초하여 활동을 기록할 경우, 활동의 8요소로 매칭이 된다. 즉, 활동에 재정상태표와 재정운영표 작성을 위해 필요한 계정과목을 매칭시킬 수 있다. 아울러 현금흐름표 작성을 위해 필요한 현금흐름 항목은 물론 현금주의 기준의 세입세출결산서 작성을 위해 필요한 예산과목과 매칭시킬 수 있다. 즉, AIA 원리를 적용한 재정관리 시스템은 계정과목을 사용하여 작성되는 재정상태표와 재정운영표뿐만 아니라 현금흐름활동을 사용하여 작성되는 현금흐름표와 예산과목을 사용하여 작성되는 세입세출결산서도 작성할 수 있다.

3. 1, 2차 LADI에서 AIA 채택 및 폐기 과정(지대추구 또는 포획)

1차·2차 시스템 용역사업 과정에서 AIA의 적용과 폐기에 관한 일련의 과정을 설명하고자 한다(행정자치부, 2001). 현재 활용중인 재정관리 시스템의 명칭은 'e-호조'라 명명하지만, 과거 1, 2차 용역개발 당시 시스템의 명칭은 LADI이다.[6]

1차 용역

1차 용역은 AIA 원리를 채택하여 LADI를 개발하였다. 1차 용역을 마친 후 주무부처인 행정자치부(현 행정안전부)에 보고한 용역결과보고서는 다음과 같이 설명하고 있다.

- 예산의 전 과정(편성, 집행, 결산)의 자동처리;
  - 경영 및 재정분석 정보의 제공: 재정상태표, 재정운영표, 및 현금흐름표 등 재무제표의 자동출력
- 현행 예산업무 흐름을 활동정보화하여 단식부기에 의한 결산정보와 복식부기에 의한 결산정보를 동시에 수행;
  - 전산 프로그램에 의거 활동정보화하여 처리함으로써 단식·복식 부기의 제반 정보 및 자료 제공 가능
  - 현행 제도의 연장선상에서 전산을 구축하여 기존 개발운영중인 예산

---

6 여기서는 논외로 하지만, 3차 용역사업의 명칭은 DAIS(Double-entry bookkeeping Accounting Information System)이다.

프로그램과 상호 호환성 유지

- 기존 재정보조적 시스템과 호환성 확보 및 전국 확산, 국가재정과 연계
  에 대비하여 확장성이 크고 수정이 용이;
  - 기존의 지방세, 세외수입 등 개별 운용 프로그램의 접목 가능
  - 표준화 작업 과정에서 프로그램의 수정·보완 가능
  - 주요 데이터를 엑셀(excel) 자료로 생성하여 활용 가능
- 프로그램의 단순화로 사용자의 편의성 제공 등을 위해 활동정보회계
  (AIA) 채택

아울러, LADI의 시스템적 특징은 다음과 같다.

- 활동정보회계 방식에 의해 현행 예산업무 흐름을 활동정보화하여 예
  산결산과 복식부기 회계결산을 동시에 수행
- 각 실과 소에서 수행한 업무를 그대로 기록함으로 인해 추가적인 업무
  부담 최소화
- 세출예산거래의 회계처리는 예산의 집행에 대한 검수·검사 활동 정보,
  지출활동 정보의 입력을 통해 자동으로 예산결산 및 회계결산 동시 처리
- 세입예산거래의 회계처리는 지방세와 세외수입의 징수 및 수납자료를
  수입연계 시스템을 통한 수입활동 변환 처리에 의해 자동으로 예산결
  산 및 회계결산 동시 처리

2차 용역

2차 용역과업지시서는 1차 용역이 종료될 무렵인 2001년 3월에 작성되었
는데 내용은 다음과 같다.

- 현 활동분류의 실무적합성 확인 및 시스템의 추가 분석과 up-grade;
  - 예산 중심(산출기초 중심)으로 분류된 선행 연구용역에서 활동분류가
    현업의 실제 활동과 일치하는지를 확인하고 시스템 수정·보완
- 시스템 사용 공무원의 의견 수렴 및 반영;
  - 시스템 사용 공무원의 의견을 수렴하여 실용성, 타당성, 접근의 용이
    성, 처리속도 등에 대하여 지속적 보완
- 행정서비스별 개별 원가계산을 위한 활동 분석과 feedback;
  - LADI의 실제 적용을 통하여 원가시스템을 운용하기 위해 필요한 활동
    원가 연산요소인 활동, 자원, 활동 동인 및 자원 동인을 일선 공무원에
    게 적용을 통해 요구사항 반영 및 upgrade
  - 회계별 행정서비스별 원가계산 단위의 분류
  - 활동별 원가계산을 위한 자원과 활동의 대응관계 분석
  - 행정서비스별 원가계산을 위한 활동과 행정서비스의 대응관계 분석
  - 활동원가와 행정서비스별 원가의 시범적용과 feed back

이렇듯 2차 용역의 과업지시서는 1차 용역에서 개발된 시스템을 두고 이
에 대해 실무적용을 통한 검증 과정을 거쳐 보완하는 것이 주된 임무였다. 아
이러니하게 2002년 2월 돌연 2차 용역을 위한 컨소시엄 3사는 "1차 용역에서

AIA를 사용하지 않았고 향후 이와 관련된 활동, 자원, AIA라는 용어를 없애고 관리과목에 의한 자동분개방식으로 프로그램을 정상화하기로 한다"라는 말도 안 되는 발표로 1차 용역의 모든 것을 뒤집어버리고 말았다. 1차 용역에서 2차 용역으로 변경되는 과정에서 회계처리방법의 명칭 변경(자동분개방식으로), 활동의 등록·수정·삭제 관련 프로그램의 삭제, 원가시스템의 삭제 등으로 과거로 회귀하고 말았다.

지대추구로 인한 과거 방식(차변 : 대변)으로의 회귀

1차 용역에서 개발된 복식부기 시스템(LADI)은 회계 전문지식이 부족한 공무원들이 특별한 교육 없이도 바로 사용할 수 있고, 한번의 입력으로 복식부기 회계보고서(재정상태표와 재정운영표), 세입세출결산서, 직접법 현금흐름표, 성과분석에 필요한 활동기준원가(ABC)가 제공되는 등 세계에서 유례없는 성과를 만들어 낸 기념비적 시스템이라고 평가할 수 있다. 우선은 공무원들에게는 편의성을 제공하고, 국가적으로는 신뢰할 수 있는 회계정보의 산출, 회계시스템 산업의 건전한 발전의 토대를 만들 수 있었으며, 이를 확산하여 국제적으로 활용 가능한 유일무이한 시스템이 될 수 있었다. 하지만 일부 이해관계자들의 지대추구(또는 포획이론)로 인해 과거로 다시 표류한 시스템이 되고 말았다. 어떻게 자동분개방식으로 회귀하였는지 지금이라도 그 이유를 철저하게 규명할 필요가 있다.

이 시스템의 현재 명칭은 e-호조인데, 총구축비용은 259억 원에 달한다. 운영 시작연도는 2007년이며, 연평균 유지보수비는 71억 원에 달한다(행정안전부, 정보공개청구자료).

지금과 별반 다르지 않은 차세대 재정관리 시스템

지방정부의 e-호조 시스템은 현재 차세대를 위한 예비타당성 조사 단계에 있다(Edufine은 이미 차세대 진행중). 무엇이 새로운지 별다른 고민 없이 무분별하게 차세대 사업을 진행하고 있다. 심각하게 고민해 볼 문제는 지방정부의 절반이 왜 LOBAS(상·하수도 등 직영기업)를 활용하지 않을까? 지방정부의 절반이 이 시스템을 활용하지 않고 있음에도 매년 십수억의 유지보수비가 들어간다. 이는 정부 예산이 허투루 쓰이는 것과는 달리 그냥 낭비되는 것이다. 어처구니가 없는 현상으로 이러한 사실을 행정안전부가 모를 리 없다.

과업지시서와 상호대사가 무엇보다 중요하다

국가 차원에서 시스템 구축과 관련하여 애초의 과업지시서와 최종 납품된 시스템의 철저한 상호대사 과정이 절실하다. 저자의 견해로는 과업지시서와 아주 다르거나, 아예 로직조차 구성되지 않은 사례가 적지 않다(예를 들면, 2004년 정부 과업지시서에 재정관리 시스템 간 연계가 제시되어 있음). 중앙부처도 이를 알고 있지만 성급하게 시스템을 가동하려는 의도로 이를 애써 묵인하게 된다. 시스템 구축은 엄청난 비용이 수반되기 때문에 감사원, 기획재정부 등에서 사전심사(현재 차세대 e-호조 구축 관련 예비타당성 조사 중인데, 과연 조사기관이 전문성을 겸비하고 있는지도 의문임)를 강화하고, 사후적으로 과업지시서와 납품된 시스템의 상호대사 과정을 통해 일치 여부를 반드시 검증할 필요가 있다. 이러한 노력이 적어도 시스템 망국에서 벗어나는 지름길이라 하겠다. 중앙정부(미국의 OMB, 우리나라의 경우 기획재정부) 차원에서 무분별한 시스템 구축을 규제하기 위해 미국의 IT Dashboard를 참고할 필요가 있다.

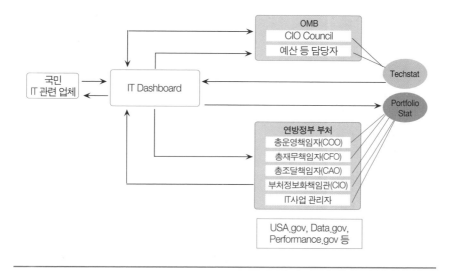

그림 13-4 IT Dashboard 조직체계

미국 OMB 산하 IT Dashboard

IT Dashboard는 2009년 오바마 정부의 열린정부지침(open government directive)에 기초하여 연방정부의 IT사업 정보를 공개하기 위해 구현되었다. IT Dashboard는 연방정부 등, IT 관련 산업계, 일반국민이 연방정부의 IT사업의 세부내역을 볼 수 있도록 구축한 웹사이트이다. 특히, IT사업에 대한 투자를 쉽게 알려주고(투명성), 지속적 모니터링을 통해 불필요한 IT사업에 대한 투자를 최소화(효율성)할 수 있도록 해준다.

한편, 과거 일정 기간 동안 연방정부 전체 또는 특정 부처의 IT 투자흐름, 운영 및 유지보수 등 IT사업 속성별 투자비중, 특정회계연고 IT 투자요약(총금액, 비용 및 일정, major/non major IT사업 비중), 방법론 적용, 전체 IT사업 목록 및 특

그림 13-5 IT Dashboard

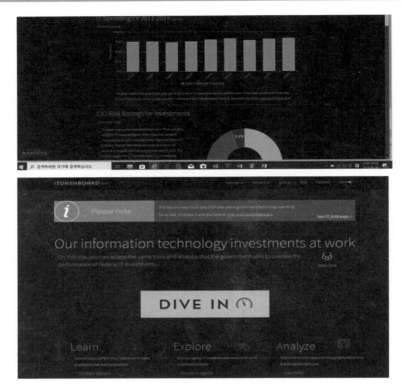

정 IT 사업의 상세내역(투자, 위험도, 성과 등)을 제공해 준다.

IT Dashboard에 관해 간략히 소개하면 〈그림 13-5〉와 같다. 상단에 있는 기능을 살펴보면, AGENCIES는 연방정부 부처별 IT 투자사업에 관해 상세한 검색이 가능하다. 총 26개 부처, 투자 추이, 사업속성별 비중 및 IT사업 내역 정보를 제공한다. REPORTS는 부처별 IT 투자 절감 내역 및 연방정부의 관점에서 투자 절감 및 효율화 내역 등을 제시한다. DATA는 다양한 속성의 데이터세트를 부

처별 또는 사용자가 원하는 포맷으로 다운로드가 가능하도록 제공한다. FAQS
는 사이트 전반에 관한 설명이며, Feedback은 부처별 IT 투자 등에 관해 일반국
민은 물론 IT 관련 산업체가 의견을 제시한다.

하단에 있는 기능을 살펴보면, Learn은 대시보드의 기능과 서비스 속성에
관한 이해도를 높이기 위한 설명이고, Explore는 연방정부 부처별 IT 투자사업
의 상세정보를 검색할 수 있으며, Analyze는 연방정부가 활용하는 툴을 이용하
여 분석이 가능하며, 각 데이터의 시계열 정보 분석이 가능하다.

이러한 기능 중 일부를 예시로 제시하면 다음과 같다.

그림 13-6 전체 IT 분야 투자 규모

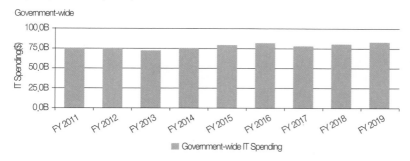

This graph displays the government-wide spending trends on IT investments over the past few years. These
totals, as well as all other data on the IT Dashboard, do not include classified IT spending or the IT Mordenization
Fund (as described in the OMB Analytical Perspectives 🗗)

그림 13-7 국방 IT 분야 투자 규모

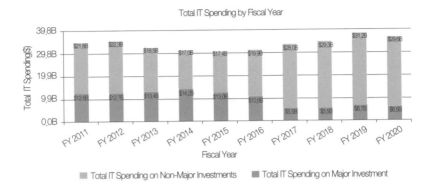

Total IT Spending by Fiscal Year

■ Total IT Spending on Non-Major Investments　■ Total IT Spending on Major Investment

그림 13-8 리스크 분류

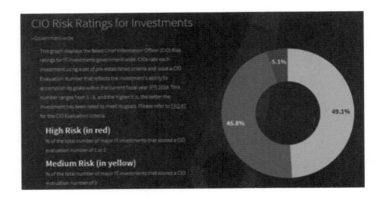

그림 13-9　26개 연방부처(일부)

그림 13-10　연계 시스템(Date.gov, Performance.gov 등)

무분별하게 시스템을 구축하고 있는 우리나라의 현실과는 사뭇 다르다는 것을 알 수 있다. 정보공개 주무부처인 행정안전부에서조차 미국과 같은 IT사업 투자에 관한 인식을 갖고 있는지 의심이 든다. 기획재정부(미국 OMB와 같은)의 역할이 필요할 것으로 보인다. 하루 빨리 시스템 망국에서 벗어나야 한다.

맺으며

맺으며

1. 지방재정위기, 어떻게 볼 것인가?

거버넌스 실패(또는 부재), 도덕적 해이에서 비롯

지방재정위기는 다분히 거버넌스 실패(또는 부재)(중앙정부, 중앙정부 + 지방정부)로 인식할 수 있다. 즉, 중앙집권적 재정구조의 폐해가 그대로 드러난다. 아울러 연성예산제약에 따른 도덕적 해이가 근본적인 위기 요인으로 작용하고 있다. 지방정부의 파산은 없다고 안일하게 인식한 나머지 무분별한 사업을 추진하고 있다. 일반적으로 무분별한 사업(치적쌓기용)은 득표 극대화를 위한 수단이며, 이는 지역구 국회의원과 지방자치단체장의 합작품일 경우가 많다. 애초에 하지 말았어야 할 사업을 추진하는 경우가 허다하다. 국고보조금사업이니 무조건 하고 본다. 이후 운영은 물론 유지보수비는 생각할 겨를이 없다. 재정위기 상태에 직면해도 해당 지방자치단체장은 책임을 지지도, 묻지도 않는다. 지방의회가 이를 견제해야 함에도 불구하고 이해관계자(토호세력)이고, 별

다른 관심이 없다. 시민단체들의 합리적 판단이 요구되지만 지대추구에서 자유롭지 못하다. 재정분권이 강조되고 있는 현실에서 무엇보다 책임성과 자율성을 가장 중요한 덕목으로 삼아야 한다. 우선적으로 연성예산제약에서 탈피해야 한다. 대안으로 온전한 지방자치(재정자립도 50% 이상 지방정부), 제한적 지방자치(재정자립도 30% 이하 지방정부)로 구분하여 재정분권을 구체화할 필요가 있다. 아울러 도덕적 해이에서 벗어나기 위한 노력으로 거버넌스 체제를 강화해야 할 것이다. 즉, 지방정부의 주체적 역할(재정책임성)이 더욱 강조되고, 의회, 시민(시민사회)과 상호 협력하는 상호작용적 거버넌스 노력이 필요할 것이다.

2. 무엇이 문제인가?

국고보조금 등 의존재원이 부채로

우리나라는 전통적으로 중앙정부로부터 재정이 이전되기 때문에 지방정부들이 합리적 운영을 저해할 개연성이 크다. 즉, 지방정부들은 중앙정부로부터 많은 보조금과 교부세 확보에 사활을 걸고 있다. 문제는 광역시·도 단위(예산 규모가 큰 지자체 포함)로 재정이 배분됨으로써 재정 여건이 건실하리라 판단되는 광역자치단체들의 부채가 급증하여 이에 대한 관리가 절실하다.

- 지자체 재정분석 및 재정공시 시 지방공사·공단 및 제3섹터 채무도 포함하도록 지방재정법을 개정할 필요가 있다. 현행 지방재정 분석과 재

정공시는 일반회계, 특별회계, 공기업특별회계만을 포함하고 있다. 상당수의 자치단체에서는 지방공사나 공단을 통하여 사업성이 낮은 사업을 수행하느라 대규모의 부채를 떠안고 있어 자치단체의 재정건전성 악화에 일조를 하고 있다. 이들 공사·공단의 채무는 현행 재정분석과 재정공시에 포함하고 있지 않아 지방재정 건전성을 파악하는 데 제한이 될 뿐 아니라 정확한 정보를 제공하지 못하고 있다. 향후 지방재정법을 개정하여 이들 부채와 BTL·BTO 사업 등에 대한 현황도 공개하여야 할 것이다. 현재 지역통합 재정통계를 공개하고 있는데, 왜 공개하는지와 같은 구체적인 질문이 있어야 한다. 모든 것을 공개한다고 능사는 아니다.

유형자산(개발사업) 투자가 부채로

복지사업에 투자할 것인가, 개발사업에 투자할 것인가는 진행 중인 딜레마이다. 우리나라는 후자에 치중하고 있는 것이 사실이다. 지방정부의 유형자산은 일반유형자산, 주민편의시설, 사회기반시설 투자로 구분할 수 있다. 우리나라 지방재정위기와 연관되는 투자는 호화 청사와 연관되는 일반유형자산과 사회기반시설을 총칭하는 사회기반시설 투자가 부채에 많은 영향을 미치고 있다. 특히, 사회기반시설의 투자가 총부채 증가에 영향을 미치고, 일반유형자산투자가 장기차입부채에 영향을 미친다. 따라서 사회기반시설 등의 투자 시 사업승인 주민투표제도의 도입을 고려할 필요가 있다.

무분별한 민간투자사업이 지방재정을 멍들게

적절한 통제 없이 무분별하게 추진중인 민간투자사업은 치명적인 문제이다. 근본적으로 예산외 사업으로 부채로 인식되지 않기 때문에 지속해서 증가할 가능성이 크다. 하지만 민간투자사업 방식을 활용한 사업 추진은 일반적으로 재정사업으로 추진할 때보다 훨씬 많은 비용이 들어가기 때문에 지방재정에는 크게 도움이 되지 않는다. 최근 광주광역시가 민간투자사업으로 인한 재정낭비를 줄이기 위한 대응은 아주 의미 있는 일이다. 대안으로 '인수' 또는 '재협상'이 가능하도록 제도를 개선할 필요가 있을 것이다.

- 일부 민간투자사업(BTL, BTO)은 시정부가 최소운영수입(minimum revenue guarantee: MRG)을 보장한 나머지의 업자들이나 비용투자 분석기관에 의해 투자수요 분석이 허황되게 부풀려져, 민자사업들이 혈세를 먹는 하마가 되고 있음을 감안하여, 모든 민간투자사업에 대한 면밀한 비용-편익 분석이 필요하고, 고의적으로 과다하게 비용-편익 수치를 부풀린 단체나 개인에 대해 사후에 책임을 물어야 하는 등 방안을 강구하는 것이 필요하다.

또한 중립적이고 합리적인 위원회의 운영을 위해 민간투자사업위원회도 외부 전문가들이 2/3가 넘게 구성하도록 하고, 이들에게 사업별 심사를 위해 충분한 시간을 제공하는 것이 필요하다. 더불어 재정사업은 가능하면 민자사업보다는 자치단체에서 추진하는 것이 공익성의 원칙에도 맞다. 민간투자사업은 정부의 초기 건설비 부담을 줄여 주지만 지방정부가 사업자에게 국채수익률 + α를 제공해야 하기에 지방정부 재정에 부담이 된다.

늘어만 가는 지방보조금

지방정부는 국고보조금사업을 추진하는 가운데 재정건전성이 악화된다. 이에 대해 지방보조금을 줄이지 못해 재정이 더욱 취약해진다. 이른바 이중고를 겪고 있다. 근본적으로는 치적쌓기(선거용) 수단으로 지방보조금을 활용하고 있는 것이다.

3. 어떻게 할 것인가?

거버넌스 체계 개선 필요

지방공사의 부채 증가는 정치인과 관료에 의한 낭비적·확장적 재정낭비가 주범이라는 점이다. 즉, 방만한 내부경영이 가장 큰 문제로 인식된다. 더욱이 지방자치단체장들이 사업승인권, 임원선임권 등 우월적 지위를 이용하여 예산사업을 부담해야 할 사업비를 공기업에 전가하고 있다. 이러한 제반 행태는 거버넌스 위기 관점에서 접근할 필요가 있다. 다시 말해, 거버넌스 체제를 강화할 필요가 있다.

- 지방공사, 공단 등 제3섹터에 대한 개혁조치들로는 지방공기업 사업의 전면적 재검토, 지방공기업 독립성 및 경영전문성 확립, 철저한 사업관리·채무관리, 현실성 있는 지방공기업 평가 시스템 구축, 지방공기업

의 형식적인 경영공시방법 개선, 지방공기업이 설립하거나 참여한 SPC(special purpose company, 특수법인)의 사업·재정 내역 공개장치 및 의회에 의한 통제장치 마련 및 공공서비스료 현실화 등의 개혁조치가 선행되어야 할 것이다.

도덕적 해이에서 탈피 필요

중앙정부의 정책, 경제위기 대응을 위한 세출 증가 등의 요인을 배제할 수 없지만 무엇보다도 사업구조와 제도의 문제를 포함하여 지방정부의 도덕적 해이를 적절히 통제할 수 있어야 한다. 지자체장들의 치적쌓기용 사업은 지역구 국회의원과 합작품이다. 선거에서 이기기 위해 애초에 하지 말았어야 할 사업을 추진한 것이다. 시민들이 이를 인지하고 단순 지대추구에 현혹되어서는 안 된다. 아울러 미래지향적으로 지방보조금을 줄여 나가야 한다.

지방정부 부채관리를 넘어 포괄적 부채관리 필요

이미 설명한 바와 같이 광역시·도 단위의 부채가 급격하게 증가하고 있다. 광역시·도들은 일반채무가 급증하고 있음에 더하여 산하 공기업을 통해 재정사업을 추진하고 있어 부채 수준이 심각하다. 따라서 일반채무, 공기업 부채, 민간투자사업 등의 포괄적 부채관리가 필요하다. 무분별한 사업 추진을 제어하기 위한 사업승인 주민투표제를 활용할 필요가 있다. 또한 외국의 재정 위기 사례의 구체적 특징을 파악하여 재정위기로부터 반면교사로 삼을 필요가 있다.

- 사업승인(공채발행) 주민투표제도는 직접 재정민주주의(direct fiscademocracy)를 완성하여 정치인들이 선심성 사업이나 비효율적인 사업을 시도하는 것을 원칙적으로 방지할 수 있다. 우리나라와 몇몇 자치단체도 일반공채 이용과 연결된 사업승인 주민투표제도가 존재하였더라면 무분별한 투자사업을 방지할 수 있었고 현재와 같이 막대한 부채를 떠안게 되지 않았을 것으로 추정된다.
- 재정사정이 어려운 지방정부들은 너나 할 것 없이 모두 중앙정부에 도움을 요청하고 있어서 연성예산제약(soft budget constraints)이 발생할 위험이 있다. 그러나 중앙정부의 필수경비에 대한 교부세 및 국고보조금 지원은 재정위기를 불러온 지방자치단체장은 물론 단체장을 적절하게 견제하지 못했던 지방의회 그리고 이들을 최종적으로 감시하는 데 실패한 지역주민들에게 책임을 먼저 물은 다음에 이루어져야 할 것이다.

파탄지경에 이른 지방정부에 대한 국가재정의 지원은 불가피하지만, 이는 지역주민들이 공유재(fiscal commons)를 착취하고 지역의 부담을 전국으로 수출하는 것과 같은 효과를 갖게 되기에, 지역에 책임을 먼저 묻는 것을 내용으로 하는 중앙정부의 신뢰할 만한 약속(credible commitment)이 중앙과 지방 간 재정관계에서 지켜질 때, 비로소 지방재정의 도덕적 해이를 방지할 수 있다는 점에서, 재정파탄을 초래한 지방정부와 관계자들에 대한 엄격한 문책이 있어야 할 것이다. 징벌적 손해배상이 그 대안으로 활용될 수 있다고 본다.

기업의 돈벌이 수단만 되는 시스템 망국병에서 하루 빨리 벗어나야 …

한국은 시스템 강국인가, 망국인가? 적어도 과거 20년 전에는 시스템 강국이라 할 수 있었다. 그러나 현재는 시스템 강국이라 말하기에 상당한 어폐가 있다. 오히려 망국에 가깝다. 매번 이슈가 발생하면 외적 정당성만 추구할 뿐 그리 효율적이지도 않은 시스템을 계속해서 구축하고 있다. 이른바 토건족이 벌이는 행태와 유사하다. 어찌보면 시스템 구축이 기업의 돈벌이 수단으로 전락되고 만 것이다. 또한 때만 되면 차세대 시스템 구축을 주장하는데, 구체적으로 무엇이 변화되었는지를 정확하게 답하지 못한다. 패턴 또한 중앙정부가 시스템을 구축하고 나면 지방정부도 여지없이 시스템을 구축한다. 이는 무분별한 시스템 구축에 불과한데도 말이다. 미국 OMB의 'IT Dashboard'와 같은 대안을 통해 시스템 망국에서 하루빨리 탈피해야 한다. 이제 기획재정부가 나서야 할 때인 듯하다.

평온할 때 위기를 대비해야 한다

임진년 3월, 무기를 검열하니 활, 갑옷, 투구, 화살집 등이 깨어지고 낡아서 쓸모없게 된 것이 많았다(《난중일기》 중에서).

＊지방재정도 이와 유사한 것이 아닐까?

참고문헌

감사원(2011), 〈지방공기업 개발사업 추진실태〉, 감사 결과 발표 전문.

_____(2012), 〈지역토착비리 등 공직기강 점검〉, 감사 결과 발표 전문.

_____(2011), 〈지방재정건전성 진단·점검〉, 감사 결과 발표 전문.

국회예산정책처(2010), 《지방정부 재정난의 원인과 대책》, 예산정책보고서 제11호.

_____(2010), 《민간투자사업편람》, 2010.7

_____(2012), 《2013년도 임대형 민자투자사업(BTL) 한도액안 분석》, 2012.10.

기획재정부(2008; 2009; 2010; 2011), 《민자투자사업 운영현황 및 추진실적 및 민간투자사업기본 계획》.

_____(2019), 《2018년도 민간투자사업 운영현황 및 추진실적 등에 관한 보고서》.

김동욱(2009), 〈최근 외국 지방정부의 재정위기극복사례〉, 《한국지방재정공제회》, 59~78.

민   기(2012), 〈지방정부 재정건전성 강화를 위한 예산외 사업관리 방안: 임대형 민간투자사업을 중 심으로〉, 《2012 재정건전성제고를 위한 정부정책의 평가와 향후과제》.

배인명(2009), 〈의존재원의 지방채발행에 대한 효과분석〉, 《한국지방재정논집》, 14(3): 133~158.

박정수(2011), 〈국가재정의 과제와 합리적인 운용방향〉, 《사회과학연구논총》, 26: 25~51.

법제처(2019), 〈국가재정법〉 등.

서원교(2008), 《정부회계원리》, 서울: 경영과 회계.

_____(2013), 《활동중심 IFRS 회계원리》, 서울: 솔과학.

우명동(2019), 《재정연방주의와 정부간 재정관계》, 서울: 성신여대출판부.

임성일(2017), 《지방자치단체의 위기와 파산 – 미국의 경험과 교훈》, 서울: 해남.

전상경(2011), 《현대지방재정론》, 3판, 박영사.

정성호(2012a), 〈회계부정에 대한 통제시스템의 구축방안: 천안시 사례를 중심으로〉, 《한국행정연 구》, 21(2): 1~30.

_____(2012b), 〈지방정부의 재정수익이 부채에 미치는 영향에 관한 연구〉, 《한국지방재정논집》, 17(2): 107~131.

_____(2013), 〈재정건전성 제고를 위한 포괄적 부채관리: 광역시·도의 재정, 공기업, 민간투자사업 (BTO·BTL)간 관계〉, 《한국지방재정논집》, 18(1): 1~32.

_____(2017), 〈대손충당금 규모가 재정운영결과와 대손충당금 환입에 미치는 영향〉, 《한국행정연

구》, 26(4): 1~20.

_____(2018a), 《대한민국 재정정책 70년사》, 서울: 더플랜.

_____(2018b), 〈정부간·민간 등 이전비용이 재정운영결과에 미치는 영향〉, 《정부회계연구》, 16(3): 1~20.

_____(2019), 〈재무보고서를 활용한 지방채 분석 및 정책적 시사점〉, 《지방재정》, 122~137.

정성호 외(2011a), 〈지방재정위기와 로컬거버넌스의 역할〉, 《지방행정연구》, 25(2): 3~36.

_____(2011b), 〈거버넌스위기가 지방공사의 부채에 미치는 영향〉, 《한국행정연구》, 20(3): 125~161.

_____(2012a), 〈공공기관의 재무건전성제고 대안〉, 《재정학연구》, 5(2): 195~232.

_____(2012b), 〈지방정부의 유형자산 투자가 부채에 미치는 영향에 관한 연구: 복식부기회계정보를 중심으로〉, 《행정논총》, 50(2): 227~256.

_____(2013), 《지방자치단체의 재정위기, 과제와 해법》, 서울: 조명문화사.

한국지방행정연구원(2010), 《2010년 전국자치단체의 재정분석 종합보고서》.

_____(2011), 《지방자치 선진화를 위한 지방재정건전성 강화방안》.

행정안전부(2011), 〈지방재정위기 사전경보시스템 운영규정〉(훈령), 제198호, 2011.10. 12.

_____(2017). 《지방정부 재무회계 운영규정》(훈령).

_____(2018). 《지방자치단체 통합재정개요》.

행정안전부·한국지방행정연구원(2019), 《2019년 지방자치단체 재정분석편람》.

행정자치부(2001), 《지방회계제도 개혁을 위한 복식부기 도입방안 연구》, 연구용역보고서.

_____(2017), 《지방교부세 산정해설》.

行方久生(2007), 〈夕張市 財政破綻 問題の論点と自治體の危機〉, 《研究機構インフォメーション・サービス NO. 76》.

Beane R. and Schramm(1986), *The Financial Analysis of Government*, New Jersey.

Frey, Martin A., Phyllis Hurley Frey, and Sidney K. Swinson(2007), *An Introduction to Bankruptcy Law*, 5th edition, Clifton Park, NY: Thomson Delmar Learning.

Groves, Sanford M and Maureen Godsey Valente(2003), *Evaluation Financial Condition*, ICMA.

Honadle, W. B.(2003), "The State's Role in U.S. Local Government Fiscal Crises: A Theoretical Model and Results of a National Survey," *International Journal of Public Administration*, 26(13): 1431~1472.

Jeong, S. H.(2018), "Does the size of local government debt affect the level of debt of off-budget entities? The case of local government in Korea," *International Review of Administrative*

Sciences, 0020852317733314.

Jeong, S. H. and S. H. Kang(2019), "Fiscal reform in South Korea, Public Money & Management,"
39(6): 450~453.

Kloha, Philip, Carol S. Weissert, and Robert Kleine(2005), "Developing and Testing a Composite
Model to Predict Local Fiscal Distress," *Public Administration Review*, 65(3): 313~323.

Mikesell, John(2009), *Fiscal Administration*, 8th ed, Thomson Wadsworth.